Andreas

Cardenio und Celinde

Andreas Gryphius: Cardenio und Celinde

Berliner Ausgabe, 2013
Vollständiger, durchgesehener Neusatz mit einer Biographie des
Autors bearbeitet und eingerichtet von Michael Holzinger

Entstanden wahrscheinlich um 1650. Erstdruck in: »Deutscher
Gedichte Erster Theil«, fünfter Band, Breslau (Lischke), 1657.
Früheste nachweisbare Aufführung 1661, Elisabethanum, Breslau.
Textgrundlage ist die Ausgabe:
Andreas Gryphius: Cardenio und Celinde Oder Unglücklich
Verliebete. Herausgegeben von Ralf Tarot, Stuttgart: Philipp Reclam
jun., 1968 [Universal- Bibliothek Nr. 8532].

Herausgeber der Reihe: Michael Holzinger

Reihengestaltung: Viktor Harvion

Gesetzt aus Minion Pro

Verlag, Druck und Bindung:
CreateSpace Independent Publishing Platform, North Charleston,
USA, 2013

Cerdenio und Celinde

oder

Unglücklich Verliebete

Trauerspiel

Großgünstiger vnd Hochgeehrter Leser.

Als ich von Straßburg zurück in Niederland gelanget /vnd zu Ambster-
dam bequemer Winde nacher Deutschland erwartet / hat eine sehr
werthe Gesellschafft etlicher auch hohen Standes Freunde / mit welchen
ich theils vor wenig Jahren zu Leiden / theils auff vnterschiedenen
Reisen in Kundschafft gerathen /mich zu einem Panquet / welches sie
mir zu Ehren angestellet / gebeten. Als bey selbtem nach allerhand
zugelassener Kurtzweilen / man endlich auff Erzehlung unterschiedener
Zufälle gerathen / vnd damit einen zimlichen Theil der Nacht verzehret
/ hab ich mich entschlossen Abschied zu nehmen / vnd in mein dama-
liges Wirthshaus zu eilen. Wolgedachte meine Liebesten wolten / was
ich auch bitten oder einwenden möchte nicht unterlassen mich biß
nach Hause / durch die so weite Stadt zu begleiten / vnd geriethen so
bald sie auff die Gassen kommen wieder auff ihr voriges Geschicht-
Gespräch / dabey mir auff jhr anhalten Anlaß gegeben / den Verlauff
dieser zwey vnglücklich Verliebeten zu erzehlen. Die Einsamkeit der
Nacht /die langen Wege / der Gang über den einen Kirch-Hof vnd
andere Umbstände machten sie so begierig auffzumercken: Als
frembde ihnen diese deß Cardenio Begebnüß / welche man mir in
Italien vor eine wahrhaffte Geschicht mitgetheilet / vorkommen / daß
sie auch nach dem ich mein Reden geendet / von mir begehren wollen
jhnen den gantzen Verlauff schrifftlich mitzutheilen. Ich der nach
vielem abschlagen / mich überreden lassen / Freunden zu gefallen eine
Thorheit zu thun / hab endlich versprochen jhnen wie in andern Be-
gnügungen also auch mit dieser nicht zu entfallen /bin aber doch bald
anderer Meynung worden / vnd habe stat einer begehrten Geschicht-
Beschreibung gegenwärtiges Trauer-Spiel auffgesetzet bey welchem ich
weil es durch vieler Hände gehen vnd manch scharffes Urtheil außste-
hen wird / eines vnd andere nothwendig erinnern muß. Zu förderst
aber wisse der Leser / daß es Freunden zu gefallen geschrieben / welche
die Geschicht sonder Poetische Erfindungen begehret. Die Personen
so eingeführet sind fast zu niedrig vor ein Traur-Spiel doch hätte ich
diesem Mangel leicht abhelffen kennen wenn ich der Historien die ich
sonderlich zu behalten gesonnen / etwas zu nahe treten wollen / die
Art zu reden ist gleichfalls nicht viel über die gemeine / ohn daß hin
vnd wieder etliche hitzige vnd stechende Wort mit vnter lauffen /

3

welche aber den Personen / so hier entweder nicht klug / oder doch verliebet / zu gut zu halten. Was nun in oberzehlten Stücken abgehet / wird wie ich verhoffe der schreckliche Traur-Spiegel welcher bey den Verliebeten vorgestellet / wie auch deß Cardenio verwirretes Leben / genungsam ersetzen. Mein Vorsatz ist zweyerley Liebe: Eine keusche / sitsame vnd doch inbrünstige in Olympien: Eine rasende / tolle vnd verzweifflende in Celinden, abzubilden. Wo ich diesen Zweck erreichet / hab ich was ich begehret / wo nicht / so wird doch der Vorsatz dem Leser zu dienen Entschuldigung vnd Genade finden. Mit einem Wort / man wird hierinnen als in einem kurtzen Begrieff / alle diese Eitelkeiten in welche die verirrete Jugend gerathen mag / erblicken. Cardenio suchet was er nicht finden kan vnd nicht suchen solte. Lysander bauet seine Liebe auff einen so vnredlichen als gefährlichen Grund / welches gar übel ausschlägt; biß seine Fehler von Vernunfft / Tugend vnd Verstand ersetzet werden. Olympe schwebet in steten Schmertzen; biß sie bloß nach der Ehre als dem einigen Zweck zielet. Tyche gibet Anschläge zu einer verfluchten Zauberey / vnd wil Liebe erwecken durch den Stiffter deß Hasses vnd Geist der Zweytracht. Ihr Mittel das sie vorschlägt ist so abscheulich als boßhafft / gleichwol weiß ich daß eine Person hohen Standes in Italien ein weit thörichter Werck versuchet. Und welches Land ist von solchen Händeln reine? Leo Allatius hat nicht sonder Verwunderung gelehrter Sinnen Opinationes Graecanicas geschrieben. Wenn jemand die Zeit auff solche Sachen wenden / vnd alle Künste verlorne Sachen zu finden / Schätze zu graben / Liebe zu stifften / Eheleute zu verknüpffen / Todte zu beschweren /Kranckheiten zu vertreiben / auff welche viel in Deutschland halten / auffsetzen wolte / er würde ein ungeheures Buch Opinationum Germanicarum zusammen bringen. Auch diese welche mit höchsten Wissenschafften begabet / sind zuweilen mit einem vnd anderm Geschwüre von dieser Räudigkeit angestecket: Wo jemand zweiffelt / der bedencke (daß ich vieler anderer nicht erwehne.) was Hieronymus Cardanus von sich selbst / vnd Petrus Gassendus von Tychone geschrieben / welcher letzte nicht wenig auff die Reden eines seiner Vernunfft beraubeten Menschen gehalten. Wie ich nun gerne gestehe daß solche Feiler so hoher Seelen / höchst schädlich vnd verwerfflich; also wolte ich wüntschen daß von allen derogleichen nichtigen vnd verdammten Wissenschafften auch nicht das Gedächtnüß auff Erden mehr vorhanden. Indessen muß allhier Celinde bewahren / daß der Vorschlag solcher Mittel Gottlos / der Gebrauch gefährlich / die Würckung vnglücklich. Ob jemand seltsam vorkommen dürffte / daß wir nicht mit den Alten einen Gott auß dem Gerüste / sondern einen Geist auß dem Grabe herfür bringen / der bedencke was hin vnd wieder von den Gespensten geschrieben. Ich wil den Leser mit den bekanten Geschichten nicht auffhalten /sondern nur zwey Beyspiel schier eines Schlags mit vnserm auß dem Moscho hieher versetzen / vmb so viel mehr weil

4

dessen Buch nicht sonders bekand /vnd die Begebungen nie von denen angezogen oder berühret / welche sich die Eigenschafften der Geister zu erforschen bemühet / so schreibet gedachter Grich in seinem Buch / dem er den Nahmen einer geistlichen Wiesen zueignet. Cap. 77. Ich vnd mein Herr Sophronius giengen zu dem Hause deß Sophisten Stephani, vmb von jhm gelehrter zu werden / es war gleich Mittag / er hielt sich auff bey der Kirchen der heiligen Gottes-Gebärerin / welche der selige Vater Eulogius gegen Osten bey dem grossen Tetraphylo gebauet / als wir nun an seine Thüre klopften: Sihet vns ein Mägdlein an / vnd antwortet; er schlafe / man müsse noch ein wenig verziehen. Ich hub an zu meinem Herren Sophronio; last vns in das Tetraphylum gehen vnd alldort verharren. Es pflegen aber die Bürger von Alexandria diesen Ort in hohen Ehren zu halten / denn sie sagen es habe Alexander der die Stadt gebauet / die Gebeine deß Propheten Hieremiae auß Egypten erhoben / vnd alldar beygesetzet. Als wir nun dahin kommen / finden wir niemand als drey Blinde /denn es war Mittag. Wir giengen derowegen gantz stille vnd ruhig zu diesen Blinden / vnd nahmen vnsere Bücher vor vns / sie aber die Blinden redeten von unterschiedenen Sachen / vnd einer forschere von dem andern wie er vmb sein Gesichte kommen. Dieser gab zur Antwort daß er einen Schipper in seiner Jugend abgegeben / vnd wäre nach dem sie von Africa abgereiset in dem Meer vnversehens erblindet / hätte nicht fortgehen können / vnd den Staar bekommen. Dieser nun fraget hinwiederumb den ersten wie er blind worden / welcher antwortet / er wäre ein Glasbläser gewesen / vnd seiner Augen verlustig worden /durch das Feuer welches jhn berühret. Endlich wenden sich die ersten beyde zu dem dritten vnd sprechen / melde du vns gleichsfalls auff was Weise du erblindet. Welcher anhub: Ich wil euch die Warheit sagen: Als ich noch jung / war ich der Arbeit hefftig gram / schlug dieselbige auß vnd gerieth ins Luder /vnd weil es mir an nöthigen Lebens-Mitteln fehlte /begont ich zu stelen. Als ich eines Tages / nach viel begangenen Bubenstücken in einem Orte stund / vnd einen Todten austragen sahe / welcher wol bekleidet /folgete ich der Leichen / zu schauen wo sie hingeleget würde: Man gieng hinter die Kirchen deß heiligen Johannis, legte sie in ein Grab / vnd begab sich nach verrichtetem Ambt zurück. So bald ich vernommen daß sie (die Trauer-Leute.) hinweg / machte ich mich in die Grufft / zog den Todten auß vnd ließ jhm nichts als ein Leinen Tuch. In dem ich nun auß dem Grabe mit vielen Kleidern beladen steigen wil / geben mir meine böse Gedancken ein / nim auch das Leilach /denn es ist köstlich. Ich Unglückseliger kehre wieder vmb / daß ich jhm das Leilach hinweg nehmen vnd jhn also nackend liegen liesse; der Todte aber erhub sich; strecket seine Hände über mich vnd rieß mir mit den Fingern die Augen auß. Und ich elender bin nach dem ich alles verloren mit grosser Angst vnd Gefahr auß dem Grabe kommen / etc. In folgendem Capitel erzehlet ein ander Jüngling Johanni dem Abt deß also genanten Riesen-Klosters seine Missethat mit folgenden Worten: Ich / mein Vater / der voll aller Laster /vnd weder deß Himmels noch der Erden würdig / vnd vor zweyen Tagen gehöret / daß eines reichen Mannes auß den vornemsten dieser Stadt / Tochter / so noch Jungfraw gestorben / vnd mit vielen vnd köstlichen Kleidern in eine Grufft vor der Stadt begraben; bin auß Gewonheit dieses schändlichen Wercks deß Nachts zu dem Grabe kommen / hinein gestiegen vnd habe sie entkleidet. Nachdem ich aber alles hinweg genommen wormit sie angezogen / auch nicht deß Hembdes verschonet / sondern dasselbige abgezogen /sie so nackend als sie geboren verlassen / vnd numehr auß der Grufft hinauß wolte: Setzte sie sich auff vor mir / streckte die lincke Hand auß / ergrieff damit meine Rechte vnd sprach zu mir; du leichtfertigster Mensch geziemet dir mich also zu entblösen? Fürchtest du GOTT nicht! oder entsetzest du dich nicht vor der Verdammung deß letzten Lohnes? Hättest du nicht zum wenigsten dich über mich Todte erbarmen sollen? Bist du ein Christ? vnd hast vor ehrlich gehalten daß ich so nackend vor Christum treten solle? Hast du das Weibliche Geschlecht also entehren dörffen? Hat dich dieses Geschlecht nicht geboren? Hast du nicht deine Mutter selbst durch dieses Unrecht das du mir angethan / geschändet? Wie wilst du vnglückseliger Mensch Christo vor seinem erschrecklichen Richterstul Rechenschafft geben wegen dieses Lasters; das du wider mich begangen? In dem bey meinem Leben kein frembder je mein Angesicht beschauet; vnd du hast nach meinem Begräbnüß mich entblösset / vnd meinen Leib nackend gesehen. Weh über der Menschen Elend; in was Unglück ist es gefallen! Mit was Hertzen O Mensch! Mit was Händen empfängst du den Heiligen vnd werthen Leib vnsers HErren JEsu Christi? Ich / als ich dieses gesehen vnd gehöret / ward voll Entsetzung vnd Schreckens / vnd konte in Zittern vnd Furcht kaum zu jhr sagen; laß mich gehen / ich wil dieses nicht mehr thun. Sie aber sprach: Warhafftig! es wird nicht so seyn. Denn du bist herein kommen wie du gewolt: Du sollst aber nicht herauß gehen wie du wilst. Denn dieses soll vnser beyder gemeines Grab bleiben / vnd bilde dir nicht ein / daß du bald sterben werdest; sondern du wirst die Gottlose Seele übel verlieren / nachdem du zuvor sehr viel Tage wirst allhier gequälet worden seyn. Ich aber bat sie mit viel Thränen / daß sie mich erlassen wolte / beschwor sie hefftig durch den allgewaltigen GOtt / versprach vnd schwur / daß ich dieses ungerechte vnd böse Werck nicht mehr begehen wolte. Endlich gab sie mir nach vielem meinem bitten / Thränen / vnd hefftigem Schlucken zur Antwort: Wo du leben vnd auß dieser Noth errettet werden wilst: So versprich mir / daß wo ich dich erlasse / du nicht nur von diesen schändlichen vnd vnheiligen Thaten abzustehen / sondern auch stracks der Welt abzusagen / ins Kloster dich zu begeben / vnd in dem Dienst Christi Busse vor deine Verbrechen zu thun dich entschliessen wollest. Ich aber

6

← stole clothes from virgin's grave

← she woke & spoke to him

should be grave for the two of them

Should become a monk for his crimes

schwur vnd sprach: Bey GOtt welcher meine Seele auffnehmen wird / ich wil nicht nur thun was du gesaget / sondern wil auch von dem heutigen Tag an / nicht in mein Hauß gehen / vnd mich von hier / vnd in die Einöde begeben. Da sprach die Jungfraw: Bekleide mich /wie du mich vorhin gefunden; als ich sie aber angezogen legte sie sich wieder nieder vnd entschlief. Kan nun jemand diesen Erzehlungen Glauben zustellen: So wird Celinden vnd Cardenio Gesichte jhm nicht so vngereimet vorkommen. Deren Meynung aber / die alle Gespenster vnd Erscheinungen als Tand vnd Mährlin oder traurige Einbildungen verlachen: Sind wir in kurtzem vernünfftig an seinem besondern Ort /zu erwegen entschlossen / vnd geben jhnen indessen vnseren Cardenio vor ein Traur-Spiel / das ist vor ein Getichte.

Inhalt deß Trauer-Spiels.

Cardenio welcher in Olympien verliebet / entschleust sich Lysandern jhren Ehe-Gemahl / der durch eine vnbillige List / jhre Heurath erlanget / zu ermorden /Bononien zu verlassen / vnd sich nach Toleto in sein Vaterland zu begeben. Celinde von Cardenio verlassen / vnd von seinem Abschied verwitziget / suchet allerhand / auch endlich zauberische Mittel ihn in jhrer Liebe fest zu halten. Beyde aber werden durch ein abscheuliches Gesicht von jhrem Vorsatz abgeschrecket / vnd durch Betrachtung deß Todes von jhrer Liebe entbunden. Wie nun Catharine den Sieg der heiligen Liebe über dem Tod vorhin gewiesen; so zeigen diese den Triumph / oder das Sieges-Gepränge deß Todes über die jrrdische Liebe.

Das Trauer-Spiel beginnet wenig Stunden vor Abends / wehret durch die Nacht / vnd endet sich mit dem Anfang deß folgenden Tages.

Der Schaw-Platz ist Bononien die Mutter der Wissenschafften vnd freyen Künste.

Personen deß Trauer-Spiels.

Cardenio. Verliebet in Olympien.

Pamphilius. Sein geheimer Freund.

Olympia. Lysanders Gemahl.

Lysander. Vor diesem Cardenio Seiten-Buhl / nun Olympiens Ehe-Gemahl.

Vireno. Olympiens Bruder.

Celinde. Ein Fräulein in Cardenio verliebet.

Silvia. Ihre Stadt-Jungfraw.

Tyche. Eine Zauberin.

Cleon. Sacristain oder Kirchen-Bewahrer.

Diener deß Cardenio.

Storax.
Dorus. Lysanders Diener.

Ein Geist in Gestalt Marcellens.

Ein Geist in Gestalt Olympiens.

Die Reyen sind der Bononiensischen Jugend / wie auch der Jahr-Zeiten der Zeit vnd deß Menschen.

Die Erste Abhandelung.

Cardenio. Pamphilius.
Der Schaw-Platz bildet Cardenii Gemach ab.

PAMPHILIUS. ⌐ Secret friend
    So ist der Vorsatz denn durch keine Macht zu wenden?
CARDENIO.
    Man halte mich nicht mehr in den verfluchten Enden:
    Da ich in schnöder Lust / in toller Eitelkeit /
    Und grimmer Angst verthan die beste Lebens-Zeit.
    Wol dem / der nicht wie ich den Fuß hieher gesetzet;
    Dem kein verfälschter Wahn den blinden Geist verletzet
    Dem vor die Weißheit nie ein thöricht Weib beliebt.
    Der nie den hohen Sinn durch herbe Lust betrübt
    Wer war ich als an mir / sich mein Geschlecht erquickte:
    Als mich ein Feind voll Neid nicht ohne Furcht anblickte:
    Als die gelehrte Stadt mich mit Entsetzung hört!
    Und meine Feder gleich der blossen Klingen ehrt.
    Wer bin ich! leider nun! ein Schimpff der alten Ahnen!
    Ein Spott deß nechsten Bluts: Was sind die Sieges-Fahnen
    Die ich allhier erjagt: Als jmmer neue Schmach:
    Ein niemal friedlich Hertz vnd täglich wachsend ach!
    Viel besser wenn ich mich in glantzen Stahl beschlossen
    Und vor das Vaterland das frische Blut vergossen;
    Viel besser wenn ich mich durch Thetis Schaum gewagt /
    Und auff der wüsten See ein wüster Land erjagt.
    Ich hatte mit mehr Ruhm die Faust an Pflug geschlagen:
    Und dieses Feld gebaut das mich vmbsonst getragen
    Ja vor der frembden Thür ein schimmlend Brot begehrt
    Als hier mit Zeit vnd Gut die einig' Ehr verzehrt.
    Ade den Stadt die ich mir zum Verterb geschauet:
    Und du dem ich mich selbst bey manchem Fall vertrauet /
    Nihm noch mein letztes an: Die Rechnung ist gemacht!
    Die Segel sind gespannt: Ich scheide / gute Nacht!
PAMPHILIUS.
    Du scheidest zwar von hier doch nicht auß meinem Hertzen!
    Dem nichts dich rauben wird / doch laß mir deiner Schmertzen
    Nicht falsches Denckmal zu! vnd gönne mir zu letzt /
    Die Nachricht / wie du hier die Jugend auffgesetzt.
CARDENIO.
    Die Nachricht wie ich hier in Wahnwitz mich verwirret:
    Wie fern ich von dem Pfad der Tugend außgeirret?
    Wol! wol! geschieht es zwar nicht sonder meine Pein!
    So müß es dennoch dir ein Warnungs-Spiegel seyn!

Ich zehlte (wo mir recht) die zweymal eilfften ähren!
Als mich der Eltern Rath nach embsigem begehren /
An diesen Ort verschickt: Durch vnerschöpfften Fleiß
Zu kauffen Wissenschafft vnd nicht geschminckten Preiß
Durch auß gegründter Lehr! Ach freylich wol gemeynet!
Doch / wie wenn vns zu Nacht ein falsches Irrlicht scheinet:
Man offt den Weg verläst vnd in die Täuffen fällt /
In welchen man versinckt. So ists mit mir bestellt.
Zwar erstlich! wust ich nichts als von berühmten Sachen
Die Menschen / trotz der Grufft / vnsterblich können machen;
Dafern Diane kam; gieng Phoebus über mir /
Sie funden bey mir nichts denn köstliche Papier!
Ich lehrt vnd ward gelehrt; vnd klüger vor den Jahren /
Manch greisser Bart erstarrt ob meinen gelben Haren /
Auch muntert ich den Leib zu allen Künsten auff /
Sprang auff ein hurtig Pferd / begab mich in den Lauff.
Begrieff das Lauten-Spiel / gewohnte frisch zu singen:
Bewegte mich im Tantz / verstand die Art zu ringen!
Und wo ich von mir selbst die Warheit melden kan /
Der Degen stand mir gleich der leichten Feder an.
PAMPHILIUS.
Ich hab es mehr denn offt gesehn vnd rühmen hören!
CARDENIO.
Ach leider! diesen Ruhm den ließ ich mich bethören.
Du triffst den rechten Zweck! der Dünckel nam mich ein!
Ich glaubt es könte mir kaum einer gleiche seyn /
Diß war die erste Bahn die mich von gutem führte:
Das war die erste Gifft die meine Sinnen rührte.
Kam jemand mir die quer vnd gab sich etwa bloß /
So war die Faust bereit / so gieng die Klinge loß.
Hiedurch ward allgemach mein jrrend Ehre kräncker /
Man hieß mich hier vnd dar den vnverzagten Zäncker:
Ich selbst nam in der Brunst mein Laster nicht in acht
Biß mich mein eigen Sinn auff neue Sprünge bracht /
Biß hieher war ich frey vnd hatte nichts geliebet:
Doch daß mir diese Pein die Sinnen nie betrübet /
Kam nicht von Tugend her: Weil mich der Wahn verkehrt
Ich schätzt auß Ubermut / nicht eine / meiner werth
Biß ich das Wunder-Bild Olympien beschauet:
Die mich vor dem ergetzt / ob der mir jetzund grauet:
Die als ein Wirbelwind mich hin vnd her gerückt /
Und mein zerscheitert Schiff in langem Sturm zustückt.
Ich sah sie vnd entbrand! sie fühlte neue Flammen!
Kurtz: Ihr vnd mein Gemüt die stimmten wol zusammen:
Mein Wahn / mein eigen Sinn / verlor sich allgemach.

11

Und meine Wilder-Art gab jhren Sitten nach.
PAMPHILIUS.
Die Liebe wenn sie wil verrichtet Wunder-Sachen:
Und kan die wilden zahm /die feigen kühne machen /
Sie meistert vnsern Geist / vnd mustert den Verstand
Sie schärfft den blöden Sinn / vnd stärckt die schwache Hand.
CARDENIO.
Wir waren gleich am Stand / wir waren eins von Sinnen:
PAMPHILIUS.
Kein ander Heurath-Gut hab ich je schätzen können.
CARDENIO.
Ihr tapfferes Geschlecht gab meinem nichts bevor /
So daß ich sie zur Braut / nach jhrem Wuntsch / erkor.
Ich ließ / als sie es stimmt / der schönsten Vater grüssen:
Und jhn von dieser Lieb' vnd treuem Anschlag wissen.
Er / wie mir kurtz hernach durch einen Freund entdeckt /
Ward von der Heurath durch mein Rasen abgeschreckt.
Ich sprach er / kenn' jhn wol: Sein Stamm ist sonder Tadel.
Die hohe Wissenschafft vergrössert seinen Adel.
Die Tugend / der Verstand steht seiner Jugend an!
Er ist ein solcher Mensch als jemand wüntschen kan:
Doch die zu freye Faust vertunckelt alle Sachen:
Die jhn in jeder Aug vnd Ohren herrlich machen /
Verzagten bin ich feind / vnd weiß der Ehre Ziel.
Jedoch Cardenio thut leider was zu viel!
Wolt' ich Olympien jhm gleich von Hertzen geben!
Bald wagt er sich zu frech vnd bringt sich vmb sein Leben!
So ist sie sonder Eh: Vielleicht auch sonder Ehr:
Rennt er den ander tod; so schmertzt es noch vielmehr.
Fast jhn der Richter nicht: So muß er flüchtig bleiben /
Und wir die Zeit in Angst vnd Bitterkeit vertreiben!
Drumb besser was zu früh als gar zu spät beklagt
Man meld' jhm daß ich schon Olympien versagt.
PAMPHILIUS.
O mehr den herber Schluß.
CARDENIO.
Schluß der mit tausend Threnen
Schluß der mit tausend Angst vnd vnerschöpfftem sehnen
Und beiderseits betraurt: Ward ich hierdurch verführt:
So ward Olympie wol lebendig gerührt!
Wie (schry sie) bin ich denn / auch eh' ichs weiß versprochen!
Kan diß ein Vater-Hertz! ist alle Trew gebrochen /
Gilt keine Liebe mehr! schlägt er sein werthes Kind /
Und dessen Wolfahrt denn so unbedacht in Wind?
Wer ists denn der mich kriegt: Werd ich auch lieben können:

Den der vmb meine Gunst kein Wort mir dörffen gönnen!
Bin ich so vnversehns vnd als im Traum versagt:
Nicht als ein freyes Kind / als ein erkauffte Magd?
Diß sprach sie vnd noch mehr; sie bat voll heisser Schmertzen:
Setzt mich Cardenio, setzt mich nicht auß dem Hertzen:
Wer weiß wo Zeit vnd Freund vnd Gott ein Mittel findt
Das mich mir wieder gibt vnd gantz mit euch verbindt
Wir schwuren denn auffs new' einander keusche Treue:
In äusserster geheim! ich gieng mit etwas scheue
Vor jhrem Fenster vmb / vnd nicht als wenn die Nacht
Der Himmel-Fackeln Heer in ihre Reyen bracht!
Ein unbefleckt Gespräch war diß was vns ergetzte:
Schaw aber wie auch hier mein Unglück mich verletzte:
Der Jungfraw Bruder gab auff mein besuchen acht
Und zog die reine Lieb' in schändlichen Verdacht.
Diane sah' herab mit gantzem Angesichte /
Als er mich überfiel; die Nacht ist was zu lichte /
Rieff er / Cardenio zu deiner Missethat.
Ist mir der Weg nicht frey? Dir steht die weite Stadt
Gantz offen: Meyde nur die meiner Eltern Gassen:
Und solt ich mir von dir die Bahn verbitten lassen?
Er auff das Wort gefecht griff mich mit Eisen an!
Ich wich gleich einem der den Arm nicht regen kan /
Der Schwester Liebe stieß mich jeden Trit zurücke:
Er schriebs der Zagheit zu / vnd schertzte mit dem Glücke /
Wol! fleucht der alle trotzt! diß Wort war mir zu schwer /
Ich trat jhm auff den Leib vnd stieß die leichte Wehr /
Recht vnter seine Brust. Er sanck' / ich must entweichen
In dem sein weinend Hauß jhn / gleich entseelten Leichen /
Auß seinem Blut auffhub / vnd Artzt vnd Balsam sucht
In dem Olympie dem rauen Unfall flucht /
PAMPHILIUS.
Diß Schwerdt hat wie ich meyn' der Liebe Band zerhauen.
CARDENIO.
Wir Menschen jrren stets. Wo wir vns sicher trauen /
Sinckt vnser Schiff in Grund. Wenn mans verloren hält /
Hat das Verhängnüß offt das beste Glück bestellt.
Denn als Viren ermahnt: Den Stoß an mir zu rechen
Begunt er; er wolt ehr selbst seiner Zeit abbrechen;
Als dem zu wider seyn / der / was er frech begehrt
Ihm langsam / vnd getrotzt / hätt' ohne List gewehrt.
Was sag ich! er war kaum zu ersten Kräfften kommen
Die Feindschafft / wie mans nennt ward freundlich vnternommen
/
Er ändert allen Haß in vnverfälschte Gunst

Und wüntscht Olympien werth meiner keuschen Brunst.
PAMPHILIUS.
So bricht die Sonn hervor nach rauen Donnerschlägen
Und dem mit Himmel-Feur vnd Schloß-vermischten Regen.
CARDENIO.
Sie brach vns freylich vor / doch wie sie schöner steht
Im fall der Tag verkürtzt vnd sie zu rasten geht
Und schwartzen Nächten rufft. So lieff die schönste Wonne
In höchste Trübsal auß. Sie meine Seelen Sonne
Hatt' ander Hertzen auch in heissen Brand gesetzt /
Die sich unwissend' jhr an jhrem Glantz verletzt /
Doch keiner war so kühn sein Angst jhr zu entdecken:
Und jeder fand vor sich was mächtig jhn zu schrecken:
Lysander nam allein ein seltsam Mittel vor /
Und kauffte durch viel Gold der Kammer-Jungfer Ohr /
Die (O Verräther Stück) jhn in das Ruhe-Zimmer
Der keuschen Seele führt: Und (was vnendlich schlimmer)
Sich gantz vnwissend hilt. Wie nun die Nacht anbrach
Und mein' Olympie besucht jhr Schlaf-Gemach
Und der versteckte sich sie anzusprechen wittert
Und jhr zu Fusse fällt; erstarrt sie vnd erzittert
Und als das Schrecken jhr den Athem wieder gibt /
Rennt sie hell schreiend fort; Lysander laufft betrübt
Ob diesem Mißschlag durch: Wird heimlich ausgelassen
Durch die mit schuldig war. Er hatte schon die Gassen /
Als das entweckte Hauß sich ob der That bewegt
Und mit Gericht vnd Licht durch alle Kammern regt.
Olympe die nicht recht bey Nacht den Feind erkennet:
Hat als sie ward befragt auß Argwohn mich genennet /
Die Meynung ward verstärckt / weil man mich zimlich nah
Und bey noch offner Thür die Straß abwandeln sah.
Man hilt mich eilend fest / mir ward die That verwiesen.
Viren der anderwerts so trefflich mich gepriesen;
Zog diesen Schimpff zu Mut / vnd eiferte behertzt
Das ich sein Hauß vnd Stamm vnd Schwester so geschertzt /
Ich wand mein Unschuld vor / die man nicht hören wolte.
Weil der Beweiß zu viel nach jhrer Meynung golte.
Biß daß nach hartem Sturm die Sorgen-volle Nacht /
In Kummer / Unlust / Angst vnd Schwermut durchgebracht.
Und der betrübte Tag vns all' auffs neue quälte /
Mich der Olympens Ehr vor gantz verloren zehlte:
Die Eltern die im Zorn sich über mich erhitzt:
Und den Verräther selbst den sein Gewissen ritzt
Olympiens Geschlecht trat bey dem Fall zusammen:
Die meisten suchten mich auß Eifer zu verdammen:

14

Die minder Anzahl doch gestützt durch mehr Verstand
Schlug besser Mittel vor vnd schloß daß meine Schand
Dem Ruhm Olympiens zu nahe lauffen könte:
Nichts besser denn: Als daß man mir die Jungfraw gönte
Und dämpffte den zu weit auß brechenden Verdacht.
Der Meynung fiel man bey: Es ward an mich gebracht.
PAMPHILIUS.
   Diß gieng nach deinem Wuntsch.
CARDENIO.
   Es gieng hier gantz verkehret
Auß Eifer hasst ich jetzt / was Lieb vnd Trew begehret
Ich sagt es klar herauß: Ich hätte sie geehrt
Als ihre Keuschheit nicht durch solchen Fall versehrt
Ich hätte sie geliebt: Als ich jhr nur behaget
Jetzt nun sie frembde selbst ins Schlaf-Gemach vertaget
Acht' ich mich was zu hoch vor eines andern Rest
Ich stellte Zeugen auff / die Sonnen-klar bevest;
Daß ich vmb selbte Stund' als mir Viren begegnet /
Geschieden vom Panquet vnd nüchtern sie gesegnet:
Daß weil bey ihnen Tag vnd Abend ich verzehrt;
Nicht möglich / daß durch List ich heimlich eingekehrt /
In ein verwahrtes Hauß das allerseits beschlossen:
Wenn schon bey später Nacht die Riegel vorgeschossen!
Sie zeugten! ich verfuhr. Der Vater ward bestürtzt
Und hätt auß Hertzeleid schier seine Zeit verkürtzt;
Als auch Olympie die er auff schärffst ausfragte
Ihm vmb die Füsse fiel vnd naß von Threnen klagte:
Sie hätt in Furcht vnd Eil sich nicht recht vmbgeschaut
Und auß Vermuttung nur die That mir zugetraut.
PAMPHILIUS.
O wahres Ebenbild durch auß vermischter Dinge!
Wie ein erhitztes Roß durch vngewohnte Sprünge /
Den Ritter mit sich reist: Und führt nicht wie er wil;
So zeucht der Himmel vns von dem auff jenes Ziel.
CARDENIO.
Als nun durch diesen Sturm das Wasser recht getrübet:
Gibt sich Lysander an; streicht auß wie er geliebet
Entdeckt auch seine Schuld vnd bittet die zur Eh /
Die durch sein frevlen ist gestürtzt in höchstes Weh.
Nichts daß mehr vnwerth sey / als Jungfern die die Zungen
Deß vnbedachten Volcks begeyvert vnd beschwungen:
Der Vater schlägt sie zu: Sie die in Haß entbrand
Gibt bloß / nur mir zu Trotz / Lysandern jhre Hand /
Lysandern auff den sie auß heisser Rach erzittert;
Und mir zu Trotz! weil sie mein Abschlag höchst erbittert.

PAMPHILIUS.

Und so vertäufft sie sich in ungeheure Noth.

CARDENIO.

Und mich noch zehnfach mehr in den gewissen Tod.
Gedencke wie die Seel' in Reu' vnd Angst gebrennet /
Als ich jhr Unschuld vnd Lysanders Trug erkennet:
Wie ich den Eifer-Sinn / wie ich den Tag verflucht /
Da ich so frech verschmäht was ich so steiff gesucht.
Ich fand Gelegenheit / doch nur zu meinen Schmertzen:
Da ich Olympien auß hochbetrübtem Hertzen
Tieff vmb Verzeihung bat / vnd / ob sie vnbewegt
Mir lange wider-stund; in neue Bande legt.
Wir trugen beyderseits Mitleiden mit einander:
Und liebten mehr als vor. Wir schrieben dem Lysander
Und dem Verhängnüß zu was sie vnd mich getrennt:
Und wuntschten seiner Lieb ein so erschrecklich End
Als falsch der Anfang war! schaw wie das Glücke spiele
In dem ich in dem Wahn gantz new Erquickung fühle
Und lesch' in höchster Gunst Lysanders Hoffnung auß:
Schreibt mir mein Vater zu vnd fordert mich nach Hauß /
Theils weil sein alter Leib durch Seuchen hart beschweret
Theils weil sein Beystand jhn ans Königs Hof begehret:
Wie rett' ich beyde nun! Er wil getröstet seyn:
Hier wüntscht Olympe sich entbrochen jhrer Pein.
Er bittet: Sie noch mehr! doch auff sein fünfftes Schreiben:
Schwer ich Olympien unendlich trew zu bleiben /
Und eh der zweytte Mond im Himmel kan vergehn /
Schwer ich vor jhrem Aug' ohn alles falsch zu stehn.
Ich schwere durch Papier sie wöchentlich zu ehren:
Und sie von meiner Reiß vnd Wiederkunfft zu lehren.
Und mache mich von hier! ach! was ein Mensch gedacht;
Steht; was er jmmer thut doch nicht in seiner Macht!
Ich komme glücklich fort / deß Vatern Seuche schwindet
In dem er mich gesund in seinen Armen findet:
Der Hof steht seiner Bitt auff mein ersuchen zu:
Ich setz in kurtzer Zeit mein gantzes Hauß in Ruh
Hier kehr ich alles vmb. Ich schick vnzehlich Schreiben;
Die leider auff der Post gehemmt vnd liegen bleiben
Olympie die gantz nichts von mir wissen kan /
Klagt meinen Wanckelmut vnd duppelt Untrew an.
Mich / der kein Antwort könt' auff alle Brief empfangen /
Legt Kummer / vnd Verdacht vnd Feber-Hitz gefangen.
Doch richt ich mich zuletzt von meinem Siechbett' auff
Und mache / noch nicht recht erquickt / mich auff den Lauff.
Ach leider! viel zu spät. Alsbald ich an war kommen

16

Und nach Olympien vnd meinem Heil vernommen:
Erfahr ich! daß nunmehr Lysander sie ersetzt:
Ja daß jhr Heuraths-Tag bestimmt vnd angesetzt.
Ich hilts vor Phantasey. Biß mir ein Freund erzehlet:
Es hab Olympie sich lange Zeit gequälet /
Ob meinem aussen seyn / daß keinerley Bericht /
Kein Schreiben je ersetzt: Lysanders Angesicht
Wär jhr zwar wie vorhin unangenehm gewesen /
Lysander hätte selbst auß jhrer Stirn gelesen
Sein Ungunst / jhren Haß: Auch hätt er sich betrübt
Daß er auß Unvernunfft so freventlich geliebt /
Und vnbedacht gesucht was er erbitten sollen:
Doch hab er sich selbselbst auffs höchste zwingen wollen
Zu der verlobten Dienst: Die letzlich jhn beklagt /
Daß er sein Glück vmb sie / die jhm doch feind / gewagt
Sie hätte die Geduld Lysanders müssen loben
Und allgemach mich gantz auß jhrem Sinn verschoben:
Lysander hätte diß genommen stracks in acht
Und jhr mitleidend seyn zu höchster Liebe bracht /
Sie wären denn nun zwey / doch zwey mit einem Hertzen:
Und feilte wenig Zeit zu jhren Hochzeit-Kertzen:
Ich nam die raue Post mit solchem Schrecken an /
Als kein verdampter Mensch sein Urtheil hören kan.
Noch unterließ ich nichts (wie kurtz die Zeit!) zu wagen
Ich sucht jhr meine Trew durch Schrifften vorzutragen.
Sie nam kein Schreiben mehr / vnd schickt auff letzte mir /
Stat Antwort / ein verwahrt doch ledig Blat Papir.
Ich ließ mich / als ein Weib / durch meine Freund anlegen:
Und trat jhr ins Gesicht auff offentlichen Wegen /
Und zog mein Unschuld an / sie wegerte Gehör
Und nams als stünd ich ihr nach jhrer reinen Ehr.
Der Himmel / sprach sie / hat mir eine Seel gegeben!
Ich bin Lysanders Braut / Cardenio mag leben!
Der Himmel hat von ihm mich gäntzlich abgeschreckt:
Der mir sein falsches Hertz zum zweytenmal entdeckt -
Mit diesem ging sie durch: Und ließ mich sonder Sinnen:
Wie wenn in Sterbens-Angst die Geister vns zerrinnen.
Mein Feber grieff mich an vnd hilt mich im Gemach
Biß daß jhr Heurath-Fest (O trüber Tag) anbrach!
Da hab ich mich erkühnt mit dreymal drey Gesellen /
Bey jhrem Lust-Panquet ein tantzen anzustellen
Wir traten in den Saal in schwartzer Trauer-Pracht
Verhüllt vnd gantz vermummt: Ich sprang in solcher Tracht
Wie der verliebte Printz: Der den Verstand verloren /
Als seine Lust vor jhn den Medor auserkoren.

Lysander der vns nicht in dieser Wolck erkant /
Danckt vns mit höchster Ehr. Olympie entbrant'
Vor Ungeduld vnd Scham: Und ließ sich doch nicht mercken /
Umb meine Hoffnung nicht durch jhr Gesicht zu stärcken /
Celinde hat allein ich weiß nicht was erblickt
Dadurch sie mich entdeckt / sie schaute mich entzückt
Mit heissen Seuffzen an / die fruchtlos abgegangen /
Weil mich Olympie noch gar zu fest gefangen.

PAMPHILIUS.
Olympie die schon Lysanders eigen war?

CARDENIO.
Die Liebe wächst in Noth vnd stärckt sich durch Gefahr.
Und wüntscht / durch was nicht ist / vnd vnerhörte Sachen
Und nie gebahnte Weg' jhr Anschläg auszumachen.
Lysanders Hochzeit-Feur war schon in Asch verkehrt /
Doch meine Flamme nicht die heimlich mich verzehrt
Ich dacht auff neue Stück: Und als er einst verreiset;
Hatt ein erkauffte Magd mich in sein Hauß geweiset /
Ich kam denn als ein Weib die Frücht vnd äpffel trägt
Als sich Olympie zur Mittags-Ruh gelegt /
Es war gleich eins bey jhr / erblicken vnd erkennen:
Ich sah' jhr Angesicht vor Zorn vnd zittern brennen.
Und eh' ich reden könt' ach! sprach sie! ach zu viel!
Zu viel Cardenio! ein Ende mit dem Spiel!
Ich bin von Edlem Stamm; bin unbefleckt geboren:
Und wie du weist / zur Eh' vnd keuschen Ehr erkoren.
Die drey verbitten mir dich ferner anzusehn!
Cardenio von hier! ist nicht zu viel geschehn /
Daß du mein Hochzeit-Fest mit dem verstellten rasen
Ohn alle Schew entweyht: Und Funcken auffgeblasen /
Die / wenn mein sitsam seyn / mit schweigen nicht bedeckt /
Ein vnaußleschlich Feur in Hauß vnd Hauß entsteckt.
Cardenio von hier: Wo nicht so magst du wissen:
Daß man dir auff mein Wort wird beyde Lichter schlissen /
Von hier vnd glaube diß / daß die dich ehrlich libt /
Die jetzt dich tödten kan / vnd dir das Leben gibt /
Wie? Sprach ich / laß ich mir mein rasen hier verweisen
Da man vmb Langmut mich / wo noch Vernunfft / soll preisen!
Laß ich Olympien in dieses Raubers Hand /
Der sie durch List erhält / der nie was Lieb' erkant.
Hat meine lange Trew so rau' ade verdienet:
Ich raß Olympie! Ich habe mich erkühnet
Zu einem Trauer-Spiel! ich komm in dein Gesicht /
(Ade Olympie) von dieser Stund' an nicht /
Als mit Lysanders Blut vnd meinem Blut gezihret;

18

So sprach ich vnd lieff stracks wo mich mein Grimm hin führet /
Schloß auch denselben Tag zu enden meine Noth.
Zu dämpffen meine Lieb' ins Feindes Blut vnd Tod.

PAMPHILIUS.

Doch ward der raue Schluß nicht schleunig fortgesetzet.

CARDENIO.

Weil das Verhängnüß mich mit neuer Glut verletzet /
Ich hatt auß jener Hof kaum heimwärts mich gekehrt
Als von Celinden mir ein Schreiben ward gewehrt.
Die bat / daß ich bey jhr wolt eine Nymfe schauen /
Die mir ein wichtig Stück gesonnen zu vertrauen.
Ich / als ich jhrem Brief in etwas nachgedacht
Begab mich bey jhr Hauß nicht viel vor Mitternacht /
Ich hört vmb jhre Thür Viol' vnd Lauten klingen
Doch mehr zu Schimpff als Ehr' ich hört ein Liedlein singen
Von ihrem Wanckelmut / das ging mir bitter ein /
Ich fiel den Hauffen an / schlug mit dem Eisen drein.
Sie setzten sich zu Wehr: Und musten doch erliegen:
Man sah Pandor vnd Hut / vnd Kling' vnd Harffe fliegen
Biß ich / vnd unverletzt / die Thür allein einnam
Da mir Celinde selbst erschreckt entgegen kam.
Sie danckte / daß ich sie bey dieser Zeit ersuchte:
Daß ich die Schaar verjagt: Die jhrer Tugend fluchte
Und jhren Ruhm verletzt (wo diß ein Schmach-Lied kan:)
Und bot zur Danckbarkeit sich mir zu eigen an.
Wir traten ins Gemach / da keine sonst zu finden:
Celind' vmbfing mich vnd vertraute mir Celinden:
Entdeckt jhr heisse Lieb' vnd wüntscht sie möchte mein:
Vor viel Olympien vnd strenge Buhlen seyn.
Ich schied' eh Titan kam die Sternen zu verschlissen:
Als ich den Tag hernach sie wolt' auffs new begrüssen;
Kam sie mir schöner vor vnd freyer denn vorhin.
Und fing halb seuffzend an. Cardenio ich bin /
Ich bin / Cardenio, die nur durch ihn kan leben:
Und die sich selbst vor jhn wolt' in die Flammen geben:
Doch wil er meiner Lieb ohn Leiden theilhafft seyn:
So lern' er wer ich sey / vnd geh den Rathschlag ein.
Ich / die von altem Stamm' vnd edlen Blut geboren:
Hab Eltern in dem Glantz der ersten Zeit verloren
Bin durch nicht treue Freund' vmb meiner Mutter Pracht;
Und vmb deß Vatern Gut durch Anverwandte bracht.
Krieg / Mangel / Haß vnd Noth hat mich so weit gerissen:
Daß ich der Keuschheit Blum zu letzt auffsetzen müssen /
Zwar einem / der durch Gold vnd Ansehn mich besprang
Doch durch nicht minder Lieb in dieses Hertze drang!

19

Und einig mich berührt: Auch wär' ich jhm vermählet
Wenn er nicht zimlich jung den Ritter-Stand erwehlet
Der ihm die Eh verbeut. Er hält mich noch allhier
Mit höchsten Kosten auff / vnd schicket für vnd für /
Was zu ersinnen ist. Sein übergroß Vermögen
Kehrt in die Zimmer ein! wo nun jhm nicht entgegen
Cardenio daß ich dem zu Gebote steh /
Der vns so prächtig nährt / so leb ich sonder Weh
Zwar von Marcellus Gut / doch lieb ich jhn alleine
Cardenio mein Licht: Den ich auff ewig meyne!
Sie schloß mit einem Kuß! vnd ich gab alles nach
So schwimmt der Ulmen-Baum wenn jhn die strenge Bach
Auß seinem Grunde reist. So fiel ich mit Celinden
Durch reitzen schnöder Lust in vor verhaste Sünden
Ich der ein keusches Bild so Eifer voll geliebt
Ward durch befleckte Gunst in heisser Brunst betrübt /
PAMPHILIUS.
Ich zitter! ists Marcell der vnlängst vmb ist kommen:
CARDENIO.
Ja freylich; hör jetzt an wie jhm der Geist benommen;
Hör jetzt den frembden Fall / den ausser mir kein Man /
Umbständlich (wer er auch /) vor Augen stellen kan.
Wir zwey / Celind vnd ich / entbrant in gleichen Flammen:
Verfügten vns zwar offt doch sehr verdeckt zusammen
Und wären Zweiffels ohn noch lange nicht erwischt /
Wenn nicht mein Unverstand Marcellus Geist erfrischt /
Mich daucht es nicht genung daß mich Celind' erwehlet
Wenn ich nicht dieses Glück den Wäldern hätt' erzehlet /
Und in Gedichte bracht die sie mit Anmut sang
Wenn die geschickte Faust auff jhrer Laut' vmbsprang /
Hier rührt sein Unfall her / denn als er einmal kommen
Und in Celindens Hand ein lang Papier vernommen /
Beschwärtzt durch meine Brunst / erstarrt er vnd begehrt /
Zu wissen / welcher ihr so heissen Brief gewehrt /
Sie gibt zwar lachend vor doch zitternd im Gewissen:
Sie hätt' es Sylvien nechst auß der Faust gerissen /
Er zweiffelt vnd verbarg den Eifer der jhn nagt /
Und noch dieselbte Stund auß jhrer Wohnung jagt.
Kaum war Marcellus fort als ich bey jhr erschienen:
Er wolte sich der Zeit zu seiner Spur bedienen
Vnd wie ich noch nicht recht beschritten jhr Gemach /
Kommt er von Zorn erhitzt mir auff der Ferschen nach.
Hilff Gott! wie haben wir vns alle drey befunden /
Die Zungen waren vns vor Grimm vnd Furcht gebunden.
Er fiel Celinden an / die Alabaster bleich /

Vnd plötzlich ward gefärbt durch seinen Backenstreich.
Eh' jhr noch warmes Blut vom Antlitz abgeflossen:
Kam seines durch mein Schwerdt auß seiner Brust geschossen /
Er taumelt vnd verging ich rieff Celind' auff / auff.
Hier ist nicht lange Frist: Wer leben wil der lauff: *run for it!*
Er / als wir in der Eil den besten Schmuck einpackten:
Vnd Gold / Geschmeid / vnd Stein in seidne Tücher stackten:
Erhub / wie schwach er war / sein sterbend Angesicht.
Vnd rieff mit schwacher Stimm: Ich bitt entweichet nicht
Cardenio ich wil dir meinen Tod verzeihen:
Wo du mir wilt dein Ohr vnd Faust vnd Beystand leihen /
Ich red ohn alle List: Komm fahre mich von hier
Ich schwere bey dem Thron deß Richters über mir
Daß ich auffs minste nicht durch Rache dich wil kräncken.
Ich suche nur mein End vnd Elend zu bedencken /
Ich bitte: Daß ich mich versöhnen kan mit Gott
Daß ich mein Hauß befrey von dem so herben Spott:
Als ob ich meinen Stand so schlecht in acht genommen
Daß ich sey durch ein Weib in diesem Ort vmbkommen:
Auch werdet jhr dadurch erlöst von Furcht vnd Flucht /
Wenn niemand meinen Tod von euren Händen sucht.
Siht jemand meine Wund' im Weg' vnd Hause bluten
Dem wil ich weil ich kan einpflantzen diß vermuten
Ich sey durch frembde Feind vmbringet bey der Nacht /
Vnd durch dich auß der Noth zu meiner Wohnung bracht.
Ich bitte schlag nicht ab mein äusserstes begehren /
Komm führe mich von hier vnd von Celindes Zehren /
Vnd ließ auß meinem Blut wie groß jhr Vndanck sey:
Wie leicht jhr Wanckelmut! wie: Aber ich verzeih!
So viel / vnd lehnte sich an meine rechte Seiten.
PAMPHILIUS.
Vnd hast du dich erkühnt nach Hauß jhn zu begleiten.
CARDENIO.
Ich thats / als der mir selbst vnd meinem Leben gram!
Doch hilt er redlich Wort; als er ins Zimmer kam:
Vnd durch der Diener Fleiß entkleidet vnd geleget;
Hat sein der Artzt vmbsonst / wie weiß er auch / gepfleget:
Er schlug die Mittel auß: Vnd sucht in heisser Rew
Deß höchsten Königs Gunst vnd vnerschöpffte Trew.
Vnd gab den zweyten Tag den Geist in meinen Armen!
Nachdem er kurtz zuvor gerühmet mein erbarmen /
In aller Gegenwart; vnd so das Werck beschönt /
Daß anderwerts mich / jhn vnd sein Geschlecht verhönt.
PAMPHILIUS.
Ist diß Marcellus Fall! O heisser Durst der Ehren!

says he doesn't want to hurt him

Ends up killing C's husband.

21

Den nicht die Rach-Lust kan vnd nicht der Tod versehren!
Der vor deß Feindes Angst / deß Himmels Ruh begehrt!
O Seele beßren Glücks vnd andren Abschieds werth.

CARDENIO.

Man glaub': Ich hab jhn offt geehrt mit meinen Threnen
Mit innerlicher Rew' vnd Kummer-vollem Sehnen!
Sein sterbendes Geberd' ermuntert mich die Nacht /
Vnd nimmt Celinden mir vnd alles auß der acht.
Ach wo verfiel ich hin: Wer bin ich vor gewesen!
Wer jetzt! wo werd' ich doch! wenn werd ich doch genesen!
Was stehst Olympie! was stehst du strenge mich!
Was hab ich auff gesetzt? Doch hat ein ander dich!
Auff! last vns denn von hier; du über-trew Gemüte!
Verzeihe daß ich noch mißbrauche deiner Güte
Verrichte was ich bat' vnd sey nach Mitternacht /
Wo meine Wohnung ist zu suchen mich bedacht.

Cardenio, Diener.

Geh werther Freund / geh hin / was ich dir noch verborgen;
Mein letztes Abscheid'-Stück entdecke dir der Morgen.
Die Reiß ist zwar bestimmt. Doch eh' ich komm ins Feld
Muß durch gerechten Zorn Lysander auß der Welt /
Ist diß mein Diener? Recht! wie? Hast du was vernommen?

DIENER.

Lysander wird gewiß noch diese Nacht ankommen:
Er ist nicht fern von hier / ich hab jhn selbst gesehn
Vnd rennt alsbald voran!

CARDENIO.

So ists vmb ihn geschehn.
Ich wil das falsche Blut vor morgen noch vergissen /
Vnd durch gewüntschte Rach ein langes Leid beschlissen
Der ist Olympie nicht deiner Liebe werth:
Der dich dem Rauber läst / dem du durch List beschert.

Reyen.

Der hohe Geist der in der Sterbligkeit /
Vnsterblich herrscht: Der seines Fleisches Kleid
Als eine Last / (so bald die Stunde schlägt
Die scheiden heist) gantz vnversehrt ablegt;

Der hohe Geist würd' alles was die Welt /
Was Lufft vnd See in jhren Schrancken hält /

22

Was künfftig noch / vnd was vorlängst geschehn;
Mit lachen nur vnd Miß-Preiß übersehn /

Dem Vogel Trotz! der in die Lufft sich schwingt
Ob schon der Schall der harten Donner klingt /
Vnd ob der Sonn' auff die er einig harrt /
Mit steiffem Aug sich wundert vnd erstarrt.

Der hohe Geist würd über alles gehn /
Vnd bey dem Thron der höchsten Weißheit stehn;
Wenn beyde Flügel jhm nicht fest gehemmt /
Vnd Füß vnd Leib mit schwerer Last beklemmt.

Alsbald er auff den Kreiß der Dinge trat
Erschrack der Fürst der zu gebitten hat
Der Vntern-Welt / der wenn er vmb sich blickt /
Neid / Haß vnd Grimm in vnser Licht außschickt.

Er schüttelte dreymal sein Schlangen-Har
Die Höll erbeb't; was vmb vnd vmb jhn war
Versanck in Furcht / die Glut schloß einen Ring
Als er entsteckt von heissem Zorn anfing;

Auff! Götter auff! die mit mir von dem Thron
Hieher gebannt: Es steht nach jener Kron
Die ich besaß / ein hoch-glückselig Bild
Das leider mehr bey seinem Schöpffer gilt!

Man ging zu Rath: Es ward ein Schluß erkist
Zu dämpffen was deß Menschen himmlisch ist /
Mit Macht vnd Trug! bald drungen auß der Nacht
Geitz / Hochmut / Angst / Einbildung / Wahn vnd Pracht.

Doch allen flog erhitzte Brunst zuvor
Die voll von List den Nahmen jhr erkor
Von steter Lieb' vnd vnter jhrem Schein
Die Hertzen nam mit Gifft vnd Gallen ein.

Ihr bot alsbald die Rach-Lust treue Hand
Die / leider! jetzt der allgemeine Tand
Auff dem Altar der tapffern Ehren ehrt /
Indem die Burg der Ehren wird zustört.

Die Rasereyen pochen was man schätzt /
Vnd heilges Recht auff festen Grund gesetzt;

Sie stecken Reich vnd Land mit Flammen an
Die auch kein Blut der Völcker dämpffen kan.

Sie färben See vnd Wellen Purpur-roth
Sie stürtzen Stül vnd Kronen in den Koth /
Vnd treten was auff Erden sterbens-frey
Vnd ewig / mit entweyhtem Fuß entzwey.

Sie reissen (ach!) deß Menschen reine Seel
Von jhrem Zweck in deß Verterbens Höl
Vnd ziehn / die den Gott gab den Himmel ein
Auß stiller Ruh / in jmmer-strenge Pein.

Die Andere Abhandelung.

Der Schaw-Platz bildet einen Lust-Garten ab.
Celinde singend vnd spielend auff der Laute.

Fleuch bestürtzter Fürst der Sternen
Meiner Seelen Lust vnd Ruh!
Eilt von mir sich zu entfernen.
Himmel steht jhr dieses zu!
Vberfällt mich diese Pein!
So verkehrt sich mein entseelter Leib in Stein.

Falscher! hat mein feurig lieben
Nie dein frostig Eiß erweicht
Hab ich diese Klipp erreicht
Auff der mein Hertz gantz zutrieben
Vnd durch dein verkehrt Gesicht
In verzweiffelns-Sturm auff tausend Stücken bricht.

Fleuch mein Geist! fleuch vnd verschwinde
Eh die raue Stund ankommt
Die mir Zeit vnd Leben nimmt
Daß ich mich nicht in mir finde!
Macht daß meine Seel entreist!
Was verzeuchst du mehr durch auß verwäister Geist.

Flisst jhr herben Threnen-Bäche /
Lescht der Augen Fackeln auß /
Deß gekränckten Leibes Hauß
Sinckt vnd stürtzt. Ich selbst zubreche /
Weil der Donner vmb mich kracht /
Vnd mich in dem nun / zur Handvoll Aschen macht /

Sie reist die Seiten von der Lauten / vnd wirfft sie von sich.

Fleuch Geist / fleuch. Kont ich mich der Vntrew je vermutten!
So hätt ich mir gewüntscht / durch schwitzen / tod zu blutten /
Durch Flammen zu vergehn! auff Felsen auß der Höh
Zusplittern Brust vnd Bein / in nie erdachtem Weh
Zu suchen meinen Tod: Es hätte mich der Degen
Der dich Marcell erstieß auch müssen niederlegen:
Marcell ach! der du mich nur gar zu trew geliebt /
Den mehr Celindens Angst / denn eigner Tod betrübt!
Komm blasser Geist komm vor / auß deiner Ruhe-Kammer /
Vnd schaw auff deine Rach' vnd meiner Seelen Jammer.

In den ohn eine Schuld mich der Verräther setzt;
Der vmb Celinden dich voll Eifers hat verletzt.
Ha grimmer-grauser Mensch! zu meinem Ach geboren!
Durch den ich Freyheit / Lust / Trost / Ruh vnd mich verloren /
Vnd nur zu meiner Pein in diesem Leibe schmacht'
Denn / wenn ein Tod vor mich / ich Augenblicks bedacht
Zu reissen auß der Zeit! ich die bey frischen Jahren
Vnd Blüte der Gestalt / so hart beschimpfft erfahren;
Daß Liebe Drachen-Gifft vor Honig vns gewehr'
Vnd falschen Wanckelmut vor treue Gunst bescher'
Die Erden stinckt mich an! wie kan ich sonder Grauen
Das Auge dieser Welt / die lichte Sonn anschauen
Die vorhin meine Freud / jetzt meine Schmach bestralt
Vnd mein bestürtzt Gesicht mit scheuer Röthe mahlt.
Die bleiche Cynthia, vor Zeugin meiner Lüste:
Verweist mir jene Zeit in der man mich begrüste
In der Cardenio mir in die Armen fiel
Vnd diesen Geist erquickt durch süsse Seitenspiel /
Was Anmut gaben vor / die Sorgen-freyen Nächte /
Was schreck' vnd grauen jetzt? Bald klingt mir das gefechte
(Indem Marcell erblast) durch mein verletztes Ohr:
Bald kommt er mir durchnetzt von Blut vnd Threnen vor.
Rufft heischer vnd verweist daß ich nun selbst verlassen
Die ich vorhin verließ: Bald hör ich durch die Gassen
Ein kläglich Abend-Lied vnd wein' vmb daß man singt:
Vnd mein recht lebend Leid auff frembde Seiten bringt /
Biß ein Verstarren schleust die nassen Augenlieder:
Denn fällt mich Morpheus an: Vnd reist mich hin vnd wieder
Durch Hecken-volle Berg' / in ein Cypressen Thal:
Vnd vnbewohntes Feld / vnd mahlt die raue Qual
Verliebter Seelen ab! Medèen seh' ich rasen:
Ich seh auff Didus Brust von Blut geschwellte Blasen
Die bleiche Phyllis hangt von jhrem Mandelbaum /
Alcione sucht Ruh auff toller Wellen Schaum.
Doch wenn ich dich mein Hertz / Cardenio, erblicket
Schiß ich noch schlummernd auff / bald wirst du mir entrücket
Vnd gehest fern von mir durch eine raue Bahn;
Ich folge! doch vmbsonst: Es ist vmb mich gethan.
Du schlägst mein Winseln auß: Doch / kanst du mehr nicht lieben;
Warumb denn muß dein Bild auch traumend mich betrüben!
Was red' ich vnd mit wem! wie wenn die heisse Macht
Der Seuchen vns besiegt / ein zagend Hertze schmacht /
In hart entbrandter Glut; vnd die geschwächten Sinnen
Empfinden nach vnd nach wie Krafft vnd Geist zerrinnen /
Indem die inn're Flamm nunmehr den Sitz anfällt

In welchem sich Vernunfft gleich als beschlossen hält /
Denn taumelt der Verstand / denn jrren die Gedancken /
Denn zehlt die schwartze Zung deß abgelebten Krancken
Viel vngestalte Wort in stetem schwermen her /
Die Augen blind von Harm / von stetem wachen schwer
Sehn was sie doch nicht sehn! die Ohren taub von sausen!
Die hören hier Trompet; hier Schwerdt vnd Drommel brausen /
So handelt mich die Noth! was Rath! komm Gifft vnd Stahl;
Vnd end' / (ich bin mein selbst nicht mehr) die lange Qual.
Cardenio ist taub! mich soll der Tod erhören
Den ich in meiner Faust

Sie erwischt ein Messer.
Celinde. Sylvia. Tyche.

CELINDE.
 Wolt jhr mein Elend mehren
 Mit trösten sonder Trost vnd rathes-losem Rath.
TYCHE.
 Holdseligste den Rath bewahrt vollbrachte That.
SYLVIA.
 Wer vntersincken wil sucht Mittel sich zu retten!
CELINDE.
 Wir suchten / wenn wir hier nur einig Mittel hätten.
SYLVIA.
 Wo noch ein Mittel ist so schlägt es Tyche vor.
CELINDE.
 Ihr Mittel klingt zu raw in meinem zarten Ohr.
TYCHE.
 Sie wil denn daß ich sie von Liebe soll entbinden!
CELINDE.
 Nein / in Cardenio soll sie die Lieb entzünden.
TYCHE.
 Sie richtet jhren Wuntsch stets nach dem alten Ziel:
CELINDE.
 Doch so daß sein Verstand den minsten Schaden fühl.
TYCHE.
 Gemütter sind so leicht nicht vnverletzt zu zwingen!
CELINDE.
 Man soll Cardenio mir vnverletzt zubringen.
TYCHE.
 Diß thut kein Liebes-Tranck / er greifft die Sinnen an!
CELINDE.
 Der liebt nicht / der mich nur auß rasen lieben kan!
TYCHE.

Genung vor mich / wenn ich der Liebe nur geniesse:
CELINDE.
Mir nicht! daß mich der Mund vnd nicht das Hertze grüsse.
TYCHE.
Ein solches Lieben rührt auß höherm Vrsprung her.
CELINDE.
Ein solch' ists die ich von Cardenio begehr.
TYCHE.
Hat er denn sie vorhin so inniglich geliebet.
CELINDE.
So / daß sein Abschied mich biß auff den Tod betrübet:
TYCHE.
Wie wenn als menschlich ist der Tod hätt' euch getrennt /
CELINDE.
Denn wer auff seiner Asch mein glüend Hertz verbrennt.
TYCHE.
Sie bild jhr ein er sey auff ewig jhr gestorben!
CELINDE.
Wenn nicht ein ander jhn durch neue Gunst erworben!
TYCHE.
Sie schlage diesen Wahn gantz mit jhm auß der Acht!
CELINDE.
Mein liebend Eifer ists der ewig in mir wacht.
TYCHE.
Vmbsonst! wenn sie auff ihn kein Vortheil kan erlangen.
CELINDE.
O warumb bin ich nicht mit erster Zeit vergangen!
TYCHE.
Viel andre wüntschen nach dem lieblichen Gesicht.
CELINDE.
Dein ists Cardenio, vnd keines andern nicht.
TYCHE.
Die grosse Schönheit wird leicht andre Freund' erwerben!
CELINDE.
Cardenio mein Freund ich wil die deine sterben!
TYCHE.
Sein Vndanck hat ja nie so treue Gunst verdient.
CELINDE.
Ade! ich habe mich zu jedem Tod' erkühnt.
SYLVIA.
O Himmel! sie vergeht!
TYCHE.
Ey noch nicht Mut verloren.
Celind!
SYLVIA.

28

Es ist vmbsonst sie hört mit tauben Ohren.
TYCHE.
  Celind!
CELINDE.
  Wer hält mich hier / ey gönnt mir meine Ruh!
TYCHE.
  Nein Schönst: Es ist noch Rath.
CELINDE.
  Komm Tod! du Tröster / du!
TYCHE.
  Mitleiden prest mir auß recht vnverfälschte Zehren.
CELINDE.
  Ach leider! wil man mir den süssen Tod erwehren!
TYCHE.
  Nur Mutt! mir fällt gleich jetzt ein sicher Mittel ein.
CELINDE.
  O möcht auff dieser Welt es zu erlangen seyn.
TYCHE.
  Zwar scheints ein wenig schwer: Doch möcht es seyn zu finden!
CELINDE.
  Man wird auff ewig mich durch diesen Dienst verbinden.
TYCHE.
  Wo jemand der sie trew' vnd ohne Falsch geliebt
  Vor kurtzer Zeit entseelt.
CELINDE.
  Ich werd' auffs new betrübt /
  Marcell durch deinen Tod.
TYCHE.
  Vnd jrgends hie vergraben!
  So must ich dessen Hertz zu diesem Vorsatz haben /
  Daß ich zu rechter Zeit vorhin mit jhrem Blut /
  Vmb etwas angefrischt wolt auff geweyhter Glut /
  Verbrennen gantz zu Asch:
SYLVIA.
  Ich zitter es zu hören!
TYCHE.
  Der Aschen Krafft muß ich mit heil'gen Worten mehren.
  So bald Cardenio darvon was beygebracht /
  Es sey in frischem Wein / es sey in Taffel Tracht /
  Es sey in Zuckerwerck vnd was nur zu erdencken /
  Auff Blümlein die man pflegt zum riechen zu verschencken:
  Wird er durch neue Flamm' entsteckt mehr denn vorhin
  Die suchen die er fleucht: So wahr ich Tyche bin.
CELINDE.
  Wenn nun der Artzt vmbsonst hat Fleiß vnd Zeit verschwendet:

29

Vnd was nicht helffen kan bey Krancken auffgewendet /
Schlägt er / damit kein Schimpff sein altes Lob verzehr:
So frembde Kräuter vor / die niemals über Meer
In diesen Port gebracht! hätt ich die Specereyen:
(So spricht er) wolt ich stracks der Schmertzen euch befreyen
Ja schafft den Siechen auch zuweilen etwas an
Das keinem möglich ist vnd niemand leisten kan.
So eben handelt ihr vnd rühmt von solchen Dingen
Die mir vnd keinem nicht sind möglich auffzubringen!
Vnd dardurch gebt jhr mir nichts anders zu verstehn
Als daß ich sonder Rath müß in der Qual vergehn.

TYCHE.

Warumb doch: Wenn Marcell so viel auff sie gehalten?
Muß nicht sein Cörper sonst in einer Grufft veralten!
Wie leicht ist Sarg vnd Brust eröffnet bey der Nacht!
Wie leicht ist / was so schwer vns denkt / zu wegen bracht.

CELINDE.

Die Augen starren mir: Ich schreck'! ich beb'! ich zitter!
Soll der bißher vmb mich so wol-verdiente Ritter:
Vmb dich Cardenio (wie vorhin Seel vnd Geist /)
Jetzt auch sein todtes Hertz hingeben! Parcen reist /
Reist meine Faden ab!

TYCHE.

Wen hat sie mehr geliebet?

CELINDE.

Den freylich / der mich jetzt so schändlich übergibet.

TYCHE.

Vnd wagt sich selbst vor jhn? Warumb nicht eine Leich?

CELINDE.

Diß Stück ist vnerhört / vnd keinem Zufall gleich.

TYCHE.

Es ist vorhin gethan vnd hochbewehrt befunden.

CELINDE.

Ists möglich: Daß ein Mensch so viel sich vnterwunden?

TYCHE.

Die Eisen-harte Noth die vnser Leben quält
Zwang Seelen / Himmel an: Wo man die Sternen zehlt;
Zwang Seelen in der Lufft: In Wäldern Rath zu suchen:
Der Abgrund ward durchforscht: mit Segnen vnd mit Fluchen
Riß man das ehrne Thor der tiefsten Höllen auff:
Durch frembder Worte Macht begab sich in den Lauff /
Ein fest gewurtzelt Stamm: Die Geister in den Lüfften
Entdeckten was vns noth. Die Leichen auß den Grüfften
Verkündigten den Schluß den die Verhängnüß schrieb
Nichts war / das durch die Kunst vnüberwunden blieb

Die manch' ein grosses stund: Kein Fleisch / kein Eingeweide
Der Kälber war genung / kein Hirsch in wilder Heide
Von Hunden auff gejagt! kein vnberührter Stier:
Kein auffgewachsen Hengst! kein vnvernünfftig Thier.
Die Geister / die die Welt die noth Geheimnüß lehren;
Muß man mit reinem Blut erkiester Menschen ehren:
Die forderten von dem ein vngeboren Kind /
Von dem die Mutter selbst. Der müst als taub vnd blind
Auff einer Wegscheid ihm die keusche Tochter schlachten /
Die Jenen rühr' ich nicht die jhre Feind' vmbbrachten /
Vnd brauchten von dem Blut befleckt vnd law vnd naß
Den abgestreifften Kopff zu einem Weyrauch-Faß /
Bekleidet mit der Haut / mit einem Darm vmbwunden.
Man hat ein zartes Kind noch lebendig geschunden /
Vnd auff das weiche Fell mit Blut die Schrifft gesetzt:
Die den vnd jenen Geist bald zwinget bald ergetzt.
Man hat deß Knaben Haupt vmbdrehend abgerissen
Auß welchem nachmals sich die Geister hören lissen:
Man hieb mit Ertz von dem / von jenem Cörper ab /
Was zu dem Opffer dient / man stanckert in dem Grab
Nach einer schwangern Faust / man zog den dürren Leichen
Die feuchte Leinwand auß; wenn etwa zu erreichen
Ein dörrendes Geripp / ein halb-verbrandtes Aas;
Ein Leib von welchem schon die Schaar der Raben fraß:
Feirt vnser Hauffe nicht: Man liß sich nicht erschrecken
Deß Nachts von einem Pfal auff dem Gespiste stecken
Zu rauben Daum vnd Haar / biß Mut vnd Fleiß vollbracht
Wornach der scharffe Sinn der Sterblichen getracht.
Warumb? Vmb die Natur durch neue Macht zu binden!
Cometen in der Höh vnd blitzen zu entzünden:
Zu stopffen frische Quäll / vnd Wellen zu erhöhn /
Wenn schon die Winde nicht (die an dem Joch vns gehn)
Sich regen in der See! es muß auff vnser fragen
Ein Vieh'/ ein Baum / ein Bild / ein Marmor Antwort sagen!
Es kommt auff vnser Wort ein Fürst auß seiner Ruh
Der Proserpinen zog vor tausend Jahren zu /
Noch jetzt: wil sie der Frucht / Holdseligste genissen
So muß sie / daß der Kärn / was harte / nicht verdrissen /
Sie wag' es: Wer verzagt! hat nichts zu wegen bracht:
Sie schaff jhr stete Lust durch Arbeit einer Nacht.

CELINDE.
Wenn man in solcher That mich vnversehns ergriffe?

TYCHE.
Sie ist die erste nicht/ die fuhr in solchem Schiffe.
Der Hof / die grosse Stadt / das gantze Land ist voll

31

Von Seelen / denen nur bey diesen Künsten wol.
Viel wären eh' ins Grab als Hochzeit-Bette kommen
Wenn sie bewahrten Rath nicht bald in acht genommen:
Viel wären sonder Freund / vnd (was viel werther /) Gold:
Viel pflügten sonder Nutz vnd dienten sonder Sold.
Viel wären diese nicht / vor die man sie muß ehren:
Halt inn! was schwerm ich viel? Man darff nicht alles hören
Was sich verrichten läst.

CELINDE.

Gesetzt ich stünd es zu!
Mich hindert Thor vnd Schloß / Marcell hat seine Ruh /
In der verwahrten Kirch!

TYCHE.

Ist die nicht zu entschlissen?
Hat der / der sie verwahrt / nun ein so zart Gewissen?
Nein warlich! Cleon ließ mich offt vmb Mitternacht /
Offt eh die Sonne fiel / offt eh Dian erwacht
Bald mit Geferten ein / bald einig / wenn von nöthen:
Durch ein getaufftes Bild deß Feindes Kind zu tödten /
Wenn wo in einer Grufft / wenn auff dem Fron-Altar
Von Wachs / Papier vnd Schrifft was zu verbergen war.
Vertraut sie auff mein Wort / ich weiß jhn zu bewegen?

CELINDE.

Ich könte Tychens Rath vnd gründlich widerlegen!
Doch leider meine Noth hat mich so weit gebracht!
Daß ich / was ich nicht wil / doch zu versuchen tracht!
Die Seele zittert mir! vnd findet sich bestritten:
Von Schrecken / Lieb / vnd Furcht! was hab ich nicht erlidten!
Ich wüntsche ja den Tod! kan was mehr schädlich seyn!
Als von Cardenio auff stets geschieden seyn.
So wenn der Arm entbrannt vnd die erhitzten schweren
Das lebend-faule Fleisch als rinnend Wachs auffzehren!
Vnd greiffen mehr vnd mehr die nahen Mausen an /
Daß ohn die Sege nichts den Cörper retten kan /
Denn halt man bey sich Rath ob besser zu verscheiden /
Ob leichter außzustehn das vngeheure schneiden
Vnd weil man in der Angst noch zweiffelt ob dem Schluß
Streckt man den Arm dahin! ich leider Tyche muß
Hinfolgen wo du gehst! versuch (ich wil es reichen)
Durch auffgezehltes Gold / den Cleon zu erweichen.
Durchforsche sein Gemüt!

TYCHE.

Sein Hertz ist mir bekand
Er setzt jhr Gut vnd Gott vor baares Gold zu Pfand.

Reyen.

Es ist nicht ohn / wer auff Morast sich wagt /
(Wie schön er überdeckt mit jmmer frischem Grase
Das vnter jhm doch reist gleich einem schwachen Glase)
Hat (doch zu spät) die kühne Lust beklagt.

Er sinckt / wenn ihn nicht Rettung stracks erhält
Bald über Knie vnd Brust / in die verklemmten Pfützen /
Die Stimme schleust der Koth / der Stirnen kaltes schwitzen
Verwischt der Schilff darunter er verfällt.

So eben gehts / wenn man die Sünd anlacht /
Vnd wil ohn eine Schew mit jhren Nattern spielen;
So fühlt man / eh man recht kan jhre Bisse fühlen
Daß sich die Gifft schon durch die Adern macht.

Celinde, kaum durch geile Brunst erhitzt /
Verließ das erste Feur vnd brant in neuen Flammen
Indem Marcell den Fall auch sterbend wil verdammen
Vnd durch die Brust Blut auff die Glut außsprützt.

Der Mord ist nicht recht in die Grufft versteckt;
Sie raset sonder Zaum vnd wil durch Frevel finden
Was jhrer Schönheit macht ohnmächtig ist zu binden.
Was fängt sie an? Starrt Seelen vnd erschreckt!

Der tolle Dunst / das schwartze Zauber-Spiel /
Soll hier geschäfftig seyn / man wil das Grab entweyen
Man fällt die Glieder an / die Sarg vnd Grab befreyen
Was suchst du doch! hier suchst du viel zu viel!

Halt weil noch Zeit! verführter Geist halt an!
Ach nein! du sündigst vmb mehr Sünde zu begehen!
Soll denn der Laster Lohn in diesem Lohn bestehen;
Daß keines lang' vnfruchtbar bleiben kan.

[handwritten annotations:]
sins – being dragged into bog.
Hidden like weak glass under.
without bridle.
Passions have to be bridled
Stop while you still can!
Committing more & more sin.

Die Dritte Abhandelung.

Der Schaw-Platz stellet Lysanders Hauß vor.
Olympia. Vireno.

Du köntest mir fürwahr nicht besser Zeitung bringen
Als daß Lysander nah' / jhr Himmel lasts gelingen
Daß ich jhn heute noch in meinen Armen seh:
VIRENO.
    Ich wüntsche daß es bald vnd glücklich auch gescheh.
OLYMPIA.
    Ich weiß kein grösser Glück in dieser Welt zu hoffen /
Als seine Gegenwart. Mein Hertze steht ihm offen
Nicht nur sein eigen Hauß.
VIRENO.
    Es ist mein höchste Lust:
Daß die so laue Lieb hab endlich deine Brust
Mit wahrer Flamm entsteckt / was hat er nicht gelidten:
Als du vor jener Zeit durchauß nicht zu erbitten.
Wie ging er dir so steiff / so unverdrossen nach /
Vnd duldet allen Hohn; das rauschen stiller Bach
Vnd sein liebreiches Wort war eins in deinen Ohren /
Du hättest nur vor jhn / holdselig seyn / verloren:
Nun hat die Liebe dir / die du bißher bekriegt
Doch durch Lysanders Trew zum letzten obgesiegt.
OLYMPIA.
    Mein Bruder ich gesteh' es hat mir nie behaget /
Was er bey stiller Nacht durch meine Magd gewaget /
Daß ein beschlossen Hauß er durch sein Geld erbrach
Vnd als Verräther drang in keusche Schlafgemach.
Was kam es mich zu stehn! was Eltern vnd Verwandten;
Ich ward der Zungen Spiel: Vnd die mein Hertz erkanten
Die zogen doch mein Ehr' in Argwon vnd Verdacht!
VIRENO.
    Wahr ists! er hats mit vns mehr denn zu grob gemacht!
OLYMPIA.
    Ach keiner lasse sich so weit den Wahn bethören
Vnd such' ein rein Gemüt durch Tücke zu entehren!
Wer List / Betrug vnd Macht zu Heuraths-Stifftern braucht;
Fängt gar zu übel an. Weil noch die Fackel raucht
Die man der Braut ansteckt: Raucht schon Haß / Eifer / Rache /
Vnd ewig-heisser Grimm / vnd macht die Sinnen wache
Durch rasend' Vngeduld. Die sich verkauffen läst
Vnd ruhig sich verspielt / muß warlich nicht zu fest
Auff jhrer Ehre stehn. Er dachte mich zu fangen:

Vnd hatte leider sich zum ärgsten hintergangen.
Ich ward zuletzt auß Noth jhm auff sein Wort versagt:
Ich / der Cardenio, nicht sein Betrug behagt.
Hilff Gott! wie schlug mein Hertz: Wenn ich jhn must' anschauen
Denn wolte mir vor jhm biß auff das brechen grauen!
Sein Wort war mir im Ohr ein harter Donnerschlag
Ich wüntschte meinen Tod vor seinem Heuraths-Tag.
Er sah' (ob wol zu spät.) wie hoch er sich vergessen:
Vnd hub sein Vnglück an mit meinem auszumessen /
Jedoch entschloß er sich zur Busse seine Schuld;
Olympens Vbermut zu lindern durch Geduld.
Vnd diese brach mein Hertz; auch fiel ich in Gedancken
Cardenio wär hin! so trat ich in die Schrancken
Zwar noch nicht grosser Gunst / die täglich stärcker blüht /
Indem Lysander mir zu fugen sich bemüht /
Vnd wieder Liebe spürt. Wir wurden drauff verbunden
Durch Pristerlichen Spruch. Ich habe diß befunden
Daß Lieb unendlich sich in keuscher Eh vermehr;
Vnd wenn sie richtig / nie nach frembdem ruffen hör.
VIRENO.
Doch als Cardenio auffs new' allhier ankommen;
Vnd du sein alte Trew vnd Vnschuld recht vernommen /
Ward nicht dein Geist bestürtzt.
OLYMPIA.
Bestürtzt; doch nicht bewegt!
Ich habe Stand / Geschlecht vnd Zusag überlegt:
Ich schloß für Gottes Rath die stoltzen Knie zu neigen:
Der mir Lysandern ließ zum Eh'-Geferten zeigen.
Vnd ob Cardenio sich vnaußsprechlich müht /
Doch war sein Fleiß vmbsonst / wie man vor Augen siht.
VIRENO.
So ist Cardenio denn gantz auß deinem Hertzen!
OLYMPIA.
Lysander hat mein Hertz: Diß red ich / (vnd mit Schmertzen;)
Cardenio hat frey was höher mich geschätzt:
Ja vor mich Ehr vnd Ruhm vnd Leben auffgesetzt /
Sein Geist war meine Seel: Ich wüntscht ohn jhn zu sterben:
Ich wüntscht jhn nur allein vor alles Gut zu erben!
Was aber! ich verspür es sey deß Himmels Schluß
Gar anders auffgesetzt / verzeih es mir / ich muß
Entdecken was ich glaub'. Vnendlich hohe Sinnen
Begehren offt allhier den Vorsatz zu gewinnen
Den jhr Verlangen sucht. Sie wagen Schweiß vnd Fleiß /
Es fällt jhn alles zu / doch wenn der letzte Preiß
Ihn gleichsam in der Faust; so muß es gleichwol müssen /

Vnd als in grosser Hitz ein kaltes Eiß zuflissen.
Warumb? Deß Höchsten Aug' in seinem Himmel siht
Wie hart ein sterblich Mensch vmb seinen Fall bemüht;
Wie theuer es sein' Angst / ja sein Verterben kauffe;
Wie blind es in den Pful deß tiefsten Abgrunds lauffe;
Vnd hält mitleidend vns in diesem Wahnwitz an /
Nimmt was vns schaden mag. Gibt was vns nützen kan.
Was hier vnd dar zu sehn; blickt auch in Heuraths-Sachen!
Zwey Seelen können ja hier ein Verbündnüß machen;
Gott bindet oder trennt! was dem zu wider geht
Geht auffs verterben auß / was durch jhn kommt / besteht.
Wenn mit Cardenio mir nützlich stets zu leben;
Er hatte warlich mir Lysandern nicht gegeben.
Ist jener vielleicht mehr mit Gaben außgeziert;
Ich bin mit dem vergnügt was einig mir gebührt.
Wehlt mich Cardenio? Gott hat vor mich gewehlet:
Ich traure daß vmb mich Cardenio sich quälet:
Mich wundert daß nunmehr sein scharffer Geist nicht seh'
Daß auff deß Herren Welt / nichts ohngefehr gescheh' /
Daß der Olympien zur Eh' ihm abgeschlagen;
Vielleicht was höhers jhm entschlossen anzutragen.
Ich klage daß er sich nicht besser nem' in acht:
Vnd daß er seinen Ruhm auß Wehmut durchgebracht.
Sein Zagen! (wie ich weiß) bringt jhn auff solche Sachen
Die Ehre / Stand / Verstand vnd Lob zu nichte machen!
Der kürtzt sein Leben ab vor dem gesetzten Ziel
Der schwartze Molchen-Gifft vor Artzney brauchen wil.
VIRENO.
Man sagt; er rüste sich auß dieser Stadt zu scheiden /
OLYMPIA.
Er wil Gelegenheit / vielleicht / zum bösen meyden.
VIRENO.
Wer weiß wohin sein Sinn jhn etwa wieder führt.
OLYMPIA.
Wer weiß ob nicht den Sinn die erste Tugend rührt.
VIRENO.
Lysander wird gewiß den grimm'sten Feind verlieren.
OLYMPIA.
Mehr ich / die dadurch frey von seinem steten spüren.
VIRENO.
Der Keuschheit wird vmbsonst gespüret vnd gestellt.
OLYMPIA.
Die leicht doch in den Mund deß blinden Pövels fällt.
VIRENO.
Deß Pövels toller Mund wird nicht was keusch entehren;

36

OLYMPIA.

Man soll den Pövel nichts von keuschen Reden hören.

VIRENO.

Sein Hinzug führt mit ihm sein Lieb' vnd Leben hin.

OLYMPIA.

Ich schätzt es / wenn er schon verreiset / für Gewinn.

VIRENO.

In zwey drey Tagen wirst du deß Gewins genissen;

OLYMPIA.

Man kan ein grosses offt im Augenblicke missen.

VIRENO.

Was missen? Wenn der Feind das Lager schon verläst?

OLYMPIA.

Wenn der Cornet erblast; entsteckt er Gifft vnd Pest.
Mein Bruder laß so viel dich meine Furcht bewegen
Gib etwas auff jhn acht / sein Haß kan leicht sich regen /
Indem Lysander sich gleich jetzt anheim begiebt
Vnd er von hinnen wil.

VIRENO.

Wol! wie es dir beliebt!

Olympe.

Cardenio von hier?
Der mit Lysanders Blut vor mir zu prangen draute?
Lysander kommt zu mir?
Den wider meinen Wuntsch der Himmel mir vertraute!
Cardenio zeuch hin!
Vergiß Olympiens, vergiß der heissen Rache!
Nim mit dir zum Gewin:
Du habest schlimmer Glück / doch wolgerechter Sache.
Cardenio zeuch fort;
Du mussest anderswo weit angenehmer leben;
Nur gönne mir den Port
Den nach dem rauen Sturm die Liebe mir gegeben.
Dein Hinzug rette mich /
Auß der so schweren Furcht in die du mich gestecket!
Dein Hinzug saubre dich
Von überhäuffter Schuld damit du dich beflecket.
Dein könt ich doch nicht seyn!
Weil das Verhängnüß mich Lysandern zu erkennet;
Dem laß mich nur allein:
Vnd glaube daß vns Gott / doch nicht vmbsonst getrennet.
Lysander komm. Ich lebe nur in dir!
Komm vnd verkürtze mein so schmertzliches Verlangen;

Lysander komm vnd lebe stets in mir
Die du von Furcht befreyt wirst recht erfreu't vmbfangen.

Cardenio.
Der Schaw-Platz ist Cardenii Gemach.
Cardenio zündet ein Feuer an / vnd verbrennet etliche Briefe vnd Liebes-
Geschencke.

Ich bin nicht ferner dein! die Ketten sind gebrochen!
Dein Zorn / mein Eifer hat mich von dir loß gesprochen!
Die Flamme zehr es auff was ich je von dir trug /
Als ich vor dich mich selbst blind in die Schantze schlug!
Brennt hitzige Papir! voll Seelen / Sinnen / Hertzen /
Voll Seuffzer / Küsse / Gunst; jhr Zunder meiner Schmertzen!
Die offt wir beyderseits mit Threnen gantz durchnetzt
Als vns der blinde Wahn zu hoffen hat verletzt!
Brenn' eitel Pergament mit falschem Blut beschrieben!
Die liebt weit ander jetzt die mich wolt ewig lieben!
Weg du beperltes Haar! du Strick der mich gefast
Den die geflochten hat die mit gehäuffter Last /
Mein dienend Hertz geprest! wie fest jhr Haar gewunden:
So fest war ich vorhin / doch nun nicht mehr / gebunden!
Weg vor mein höchster Schatz / nun ein zurissen Band
Weg du nicht reines Gold! du Ring von meiner Hand!
Dein Bildniß ist noch hier! ach soll es denn verbrennen!
Wie anders! werd ich dich denn ewig nicht erkennen?
Was hilffts? Ach must du denn / du gar zu wahrer Schein
Von meiner Seelen Sonn' vergehn vnd Aschen seyn!
Nein! daß zum minsten noch mir diß zum Denckmal bleibe!
Daß höchste Grausamkeit wohn in dem schönsten Leibe!
Was thu' ich? Steht sie mir nicht täglich im Gesicht
Weil etwas in mir lebt? Diß Bild erstürbet nicht
Das sie mir in die Seel' auff ewig eingedrücket
Als meine Freyheit ward schnell durch jhr Garn berücket.
Könt jhr Gedächtnüß nur so leicht seyn außgethan
Als diß Gemälde brennt: Ich schifft in festem Kahn
Weg alles was mich hilt! wie schnell ist es verschwunden!
Was hatt mich Thörichten? Was hilt mich doch gebunden?
Die leichte Handvoll Asch! der Rauch! der schwartze Dunst!
Vnd nur mein eigen Wahn vnd jetzt verfluchte Brunst!

38

Reyen.

Die Zeit / der Mensch / die Vier Theil deß Jahres / in Gestalt der Vier
Zeiten Menschlichen Alters / welche schweigend eingeführet werden.

ZEIT.

Mensch / diß ist deß Himmels Schluß /
Dem was sterblich folgen muß /
Daß du sonder Mitgefertin nicht dein Leben sollst vollbringen
Viere wird man dir vorstellen: Möchte dir die Wahl gelingen.
Wer sich hier nicht nimmt in acht
Wer sein Glück einmal versiht
Ist vmb das was er verlacht
Für vnd für vmbsonst bemüht.

[handwritten: Be warned → otherwise it'll all be for nothing!]

Der Frühling wird von der Zeit auffgeführet.

MENSCH.

Du wunder-schönes Bild / du Himmel-hohe Zir!
Kommst du auff Erden mich zu grüssen?
Ach! möcht ich stets mich vmb dich wissen!
Die Schönheit selbst ist blöd vnd vngestalt vor dir.
Was sind die Liljen noth? Worzu der Rosen Pracht?
Dein Rosen-frisches Angesichte
Macht aller Blumen Schmuck zu nichte /
So gläntzt das Morgen-roth / wenn es den Tag anlacht.
Ihr zarten Glieder jhr / jhr Gold-geferbten Haar
Seyd starck mein Hertze zu bestricken.
Das über euch / als im entzücken
Nicht fühlt worinn es schweb' in Lust ob in Gefahr
Wie hurtig ist der Gang! wie artig steht das Kleid
Doch kan der Himmel höher Gaben;
Den übrigen verliehen haben.
Das erst' ist nicht das best / stracks schlissen schafft offt Leid.

REYEN.

Wer sich hier nicht nimmt in acht / etc.

[handwritten: Time pushing seasons along]

Die Zeit führet den Frühling ab / vnd den Sommer ein.

MENSCH.

Ich dacht es wol vorhin! die sich jetzt zu mir macht
Gibt kaum der ersten nach.
Wie schmückt der ihren Krantz der schwartzen Haare Tracht!
Die Perlen tausendfach
Als Sternen vnsre Nacht entzünden
Wenn nun Diane soll verschwinden.

[handwritten: goddess of the hunt, moon & birthing]

Ob schon der Sonnen Glantz die lichten Wangen färbt
Spielt doch der Glieder Schne
Der auß der Mutter Leib / von Schmincke nichts geerbt /
Als wenn von Taurus Höh'
Die überdeckte Klippen malen
Mit Wider-Glantz der Wolcken pralen.

Die Sichel in der Faust / der Arm schier gantz entblöst /
Gibt warlich zu verstehn /
Daß sie nicht ruhen kan vnd Faulheit von sich stöst.
Zwar / last sie auch hingehn!
Schön ist sie. Doch mir was zu strenge
Ich leide Mangel bey der Menge.
REYEN.
Wer sich hier / etc.

Die Zeit führet den Herbst ein.

MENSCH.
Noch ist biß hieher nichts verloren /
Trit nicht deß Reichthums Göttin auff?
So prächtig als zu jhrem Lauff
Dafern Matuta new-geboren
Die Stralen-volle Sonn erwacht
Vnd die erquickte Welt anlacht.

Hier pralt was Osten je gewehret;
Was Peru auß der Klippen Nacht
Hat in den lieben Tag gebracht /
Vnd Amfitrit' jemals bescheret /
Deß Hauptes welcken Blatter-Krantz
Ersetzt der Diamante Glantz.

Mein Aug erstarrt ob diesem Lichte:
Wie treffen mit dem Widerschein
Der schütternden Rubinen ein
Die in dem Schoß gehäuften Früchte?
Von jhrem Haupt / biß auff den Fuß /
Ist nichts denn Pracht vnd Vberfluß.

Doch sind die Wangen fast erblichen:
Der vorhin weissen Glieder Schne
Wird gelblicht / der Corallen Höh'
Ist von den Lippen schier gewichen.
Sie ists nicht die mein Hertz ergetzt!

40

Das Beste kommt wol auff die letzt.
REYEN.
Wer sich hier / etc.

Die Zeit führet den Winter ein.

MENSCH.

Weh mir! was seh ich hier! ist diß mein gantz verlangen
O häßlich Frauen-Bild! was ist die Fackel noth!
Bist du mir in mein Grab zu leuchten vorgegangen!
O lebend Sichen-Hauß / O Muster von dem Tod.
Weh mir! was find ich hier! ist diß mein langes wehlen?
Wie schlägt mein hoffen auß! O möcht' ich nun zurück
Soll' ich mich für vnd für mit diesem Scheusal quälen
O allzu späte Rew' / O höchst-verschertztes Glück.

Zeit.

Die ists / die du haben must /
Weil der andern dreyen keine
Würdig deiner wilden Lust /
Zage / schrey / lach / oder weine /
Da die frische Jugend nicht /
Nicht der vollen Jahre Blum /
Nicht ein blödes Angesicht /
Tüchtig dir zum Eigenthum
So nim / wofern du nicht wilst gantz verloren seyn /
Was noch das Alter läst / statt aller Gütter ein.

Reyen.

Kein höher Schatz ist in der grossen Welt
Als nur die Zeit / wer die nach Würden hält
Wer die recht braucht / trotzt Tod vnd Noth / vnd Neid
Vnd baut jhm selbst den Thron der Ewigkeit.

Die Vierdte Abhandelung.

Cardenio. Ein Gespenst in Gestalt Olympiens.
Der Schaw-Platz ist vmb Lysanders Hauß.

Die vorhin mehr denn angenehme Zeit
Der stillen Nacht entsteckt der hellen Lichter Reyen!
Vnd meine nimmer todte Traurigkeit
Erwacht / vnd reitzt mich an mich endlich zu befreyen.
Ihr Fackeln die jhr in den Wolcken brennt!
Die jhr vor diesem mir zu meiner Lust geschienen!
Als ich in toller Liebe mich verkennt /
Seyd nun bereit zur Rache mir zu dienen!
Wo jrr ich hin! wie vorhin mich die Lust
Durch Finsternüß hieß als zur Wache gehen /
So zwingt der Durst der heiß entbrandten Brust /
Lysander, mich nach deinem Blutt' zu stehen.
Wo bleibt mein Feind so spät? Die Häuser sind geschlossen.
Die Gassen sonder Volck / die Sternen fortgeschossen:
Diane bringt hervor ihr abgenommen Licht
Vnd schielt den Erdkreiß an mit halbem Angesicht.
Man hört von weitem nur die wachen-Hunde heulen /
Vnd einsames Geschrey der vngeparten Eulen!
Die Fenster stehn entseelt von jhrer Kertzen Schein
Der Schlaff spricht allen zu vnd wigt die Augen ein /
Nur meine Rache nicht! was seh' ich? Ists zu glauben!
Wie? Oder mag ein Traum mich der Vernunfft berauben?
Daß man Olympens Thür bey hoher Mitternacht /
Eh' jemand klopfft so frey vnd sonder Sorg' auffmacht
Wie? Ein verschleirtes Bild vnd zwar so gantz alleine
Nicht Diener! Fackel! Weib! vnd gleichwol nach dem Scheine
Nicht so geringer Art. Ich muß mich vnterstehn
Zu forschen wer sie sey vnd auff sie zu zu gehn.
Holdseligste / wie ists schaut man so schöne Sonnen
Bey trüber Mitternacht? Diane gibts gewonnen
Vnd deckt mit einer Wolck jhr schamroth Angesicht /
Die Sternen sind erblast ob jhrer Augen Licht.

OLYMPIA.
Mein Herr verzeih' / ich weiß wie wahr so thanes Schertzen /

CARDENIO.
Wie? Glaubt sie / daß mein Wort nicht komm' auß wahrem Hertzen!

OLYMPIA.
Mein Herr siht Sonnen hier vnd gleichwol seh' ich Nacht /

CARDENIO.
Die Sonne siht sich nicht die alle sehend macht.

42

OLYMPIA.

Mein trüber Schein bezeugt wie nah' ich Sonnen gleiche!

CARDENIO.

Vnd jhr Verstand thut dar daß jhr die Sonne weiche.

OLYMPIA.

Genung mein Herr ich geh!

CARDENIO.

Wohin so spät? allein?

OLYMPIA.

Die Tugend mit sich führt wird nicht alleine seyn.

CARDENIO.

Welch Vnfall zwinget sie bey Nacht sich so zu wagen?

OLYMPIA.

Kein Vnfall / Gunst vielmehr: Solt ich die Warheit sagen.

CARDENIO.

In Warheit grosse Gunst / wol dem / dem sie geschieht /

OLYMPIA.

Mir vnd Olympien! die mit mir aufgeblüht:

CARDENIO.

Mich daucht ich sahe sie auß jhrem Hause treten.

OLYMPIA.

Sie hat den Abend mich zur Malzeit eingebeten.

CARDENIO.

Vnd schlägt jhr Herberg' ab in dem so weiten Hauß?

OLYMPIA.

Mein Herr / wenn lieber kommt / denn hat wer lieb' war auß:

CARDENIO.

Wen mag bey tiffer Nacht Olympe noch erbeiten?

OLYMPIA.

Ihr Eh-Schatz wird gewiß vor Morgen noch einreiten.

CARDENIO.

Wie daß Olympe sie nicht heim begleiten ließ?

OLYMPIA.

Mein Herr ich bin bekand vnd meines Wegs gewiß.

CARDENIO.

Vnd gleichwol hab ich nicht die Ehre sie zu kennen!

OLYMPIA.

Vielleicht doch wol gehört offt meinen Namen nennen.

CARDENIO.

Sie gönne mir / daß ich sie den begleiten mag!

OLYMPIA.

Gar wol: Doch mir ist Nacht so sicher als der Tag.

CARDENIO.

Ich wolte diese Nacht dem Tage weit vorziehen
Wenn sie O schönstes Licht / nicht wolte von mir fliehen!

Wo lencken wir vns hin! nun sich die Gasse theilt
Mein Engel! wie so still! hab etwan ich gefeilt
Daß sie den süssen Mund durchauß vor mir wil schlissen!
Sie melde nur die Schuld ich wil den Frevel büssen
Sie sprech' ein Vrtheil auß; was mag der Vrsprung seyn!
Ist meine Gegenwart die Vrsach jhrer Pein?
Sie melde was sie kränckt / ich wil / wo es zu glauben /
Mich dieser süssen Lust nur jhr zur Lust berauben!
Holdseligste! kein Wort! sie räche sich an mir
Hier ist der scharffe Stahl! die blosse Brust ist hier.
Dafern ich was verwirckt das ihr so sehr entgegen!
Druckt sie ein ander Schmertz? Kan etwa mein Vermögen
Zu jhren Diensten seyn! kein Vnheil ist zu groß:
Sie gebe sich / vnd nur mit einem Seuffzer bloß!
Begleit ich sie zu fern? Sie wil kein Wort verlieren!
Ich kan nur mehr denn wol / O grause Schönste! spüren /
Daß ich / in dem ich jhr wil dienen / sie beschwer.
Ich geh denn / sie verzeih! mich trägt mein Weg die quer.
Auch fordert mich von hier ein nöthiger Geschäffte!
OLYMPIA.
Brich Jammer-schwangres Hertz! brecht jhr erstarrten Kräffte.
Brich meiner Lippen Schloß! wie? oder ists ein Wahn!
Hab ich in solcher Angst die beste Zeit verthan?
Ich / die du falscher Mensch nicht wilst / nicht kanst mehr kennen!
Soll ich Cardenio dir meinen Nahmen nennen!
Erzitter vnd erschrick! Olympen hast du hir!
Die bey geheimer Nacht nur winselt über dir /
Weil sie den Tag nicht darff! hab ich mich raw gestellet
So offt du vnbedacht dich zu mir hast gesellet!
Hieß ich dich hitzig gehn; diß fordert Ehr vnd Glimpff
Jagt dich ein ernstes Wort vnd ein falsch-zornig Schimpff?
Heist diß beständig seyn! auff ewig sich verschweren!
Bist du so meiner Gunst / so indenck meiner Zehren?
So indenck meiner Glut! daß auch der Namen nicht
Dir in die Sinnen kommt: Ob schon dir im Gesicht'
Olympe lebend steht! ob die vor süssen Worte!
Schon streichen in dein Ohr! ob sie schon auß dem Orte
Hervor trit / den du mehr; mehr denn zu viel besucht!
Vnd fragst du wer sie sey! vnd machst dich auff die Flucht.
Indem sie vmb dich zagt! fragst du wohin ich eile?
Bey vngeheurer Nacht! warumb ich nicht verweile
In dem verhasten Bett'? Es ist nicht fern von hier
Ein Garten: Angenehm nicht wegen seiner Zier
Vnd Blumen-reicher Pracht vnd wolgesetzten Heyne.
Ach nein / ich liebe mehr alldar die rauen Steine:

Die man an dessen Seit auß tieffen Hölen bricht!
In welchen Echo sitzt vnd jeder Wort nachspricht /
Daß ich vor weinen offt verschluck vnd in mich fresse /
Ich / die / Cardenio, dein ewig nicht vergesse /
Dein! / dem Olympe Tod! mit welcher in dir starb /
Was vnvergleichlich Ehr' vnd Ansehn dir erwarb.
Dein / den die tolle Brunst verknüpfft hat mit Celinden:
Dem Fräulin sonder Zucht / dem Zunder ärgster Sünden!
Dem Vrsprung deiner Noth! der Quälle meiner Pein /
Vnd die Cardenio, dein Vntergang wird seyn!
CARDENIO.
O Schönste! daß sie mich erstarrend vor jhr schauet /
Mich / welchem vor sich selbst vnd seiner Vnthat grauet /
Daß ich so lang' erstumm't; entsteht auß meiner Rew
Die keine Worte findt / Krafft welcher jhre Trew;
Die übertreue Trew / von mir recht außzustreichen!
Olympe! welche Glut wird jhrer Flamme gleichen!
Sie führe mich von hier! die dunckel Einsamkeit
Vorhin durch jhr Gewein / bethrenet vnd beschreyt /
Soll numehr Zeuge seyn (ich haß! ich flieh Celinden!)
Daß sie Olympe nur / nur mächtig mich zu binden!
Ich wandel als entzuckt! mir ist ich weiß nicht wie:
Sie zeige mir den Ort in dem ich auff dem Knie
(Ihr O mein Licht) gesteh / mein überhäufft Verbrechen!
Sie selbst / Olympe sie / sie mag ein Vrtheil sprechen
Das strengste das sie weiß / sie glaube daß ich frey
Vnd hurtig vnd behertzt es auß zu führen sey.

Lysander, zwey Diener / vnd die wahre Olympia.

Entzäumt die Ross' vnd helfft sie vnterdessen führen /
Für vnsern Hinterhof / biß auff mein Wort die Thüren
Entschlossen / Storax folg vnd komm.
STORAX.
Mein Herr ein Wort!
Wir reisen durch die Nacht! vnd könten an dem Ort /
Da wir den Abend spät zum füttern abgestiegen /
Wol biß auff morgen früh' ohn Eckel sicher liegen!
Was ists drey Stunden eh'r in seiner Wohnung seyn!
Was diese Nacht versäumt bracht vns die Früe-Stund ein.
LYSANDER.
Wer in drey Stunden kan sein eigen Hauß erreichen /
Vnd lieber anderswo sich auffhalt; gibt ein Zeichen
Daß er kein rechter Wirth / kein lieber Ehmann sey.
STORAX.

45

Jetzt wandeln wir zu Fuß da vns das reiten frey!

LYSANDER.

Was nützt die Nachbarschafft mit dem Geraß erschrecken
Vnd durch ein wiegrend Roß bey stiller Ruh' entdecken
Daß ich von Hofe komm'?

STORAX.

Es liegt mir dar nicht an /
Nur daß ein Vnglück vns so überfallen kan /
Das zu vermeiden stund / der Mann hat nicht gelogen:
Der vorgab daß die Nacht nicht jeden gleich gewogen.

LYSANDER.

Wer kan dir Schaden thun vor deines Herren Thür?

STORAX.

Wie / wenn man schadete dem Herren neben mir?

LYSANDER.

Erschreckter! fürchst du dich den Degen zu entblössen?

STORAX.

Zwey Klingen thun nicht viel / bey zehn / bey zwantzig Stössen:

LYSANDER.

Ist die genaue Wach nicht hier / nicht dar bestellt?

STORAX.

Sie wacht dem nur zu träg / der auff den Sand gefällt.

LYSANDER.

Das Schwerdt der Oberkeit kan diese Schwerdter dämpffen.

STORAX.

Es wär' jetzt fern von hier / dafern wir solten kämpffen.
Mein Herr / die grosse Stadt beherbergt manchen Geist /
Der sich auß Vbermut / auß Zanck / auß Argwon schmeist:
Der den verdeckten Haß durch Meuchelmord außführet /
Denckt ob jhr aller Freund. Was diesen Himmel zieret /
Vnd durch das dunckel gläntzt; siht manche Thaten an:
Die auch im Mittag nicht die Sonn' entdecken kan!

LYSANDER.

Genung von dem! wir sind / (der Höchste sey gepreiset.)
Auff eigner Schwell' ey klopff! klopff an!

KNECHT.

Er ist verreiset!

STORAX.

Wer ist verreist?

KNECHT.

Mein Herr.

STORAX.

Thue auff / er ist schon hier.

KNECHT.

Wir gingen über Feld.

STORAX.

Wie Dorus? Traumet dir?

LYSANDER.

Klopfft an / er ist voll Schlafs.

KNECHT.

Wer da?

STORAX.

Der Herr ist kommen!

DORUS.

O wol! mein Herr! ich hatt' es vor nicht recht vernommen!

LYSANDER.

Nun munter! öffne bald! wie ists mit dir bewand.

DORUS.

Mein Herr / die Schlüssel sind in vnser Frauen Hand.

Ich geh' vnd zeig es an!

LYSANDER.

O angenehm erwecken!

Wird jhr ein süsser Traum mein Ankunfft auch entdecken?

Mein einig Eigenthum / dein treues Hertze macht /

Daß ich der Fürsten Gunst vnd Hofes Zier veracht.

Olympe durch die Fenster. Lysander. Storax.

Wer dar! mein Hertz!

LYSANDER.

Mein Licht!

OLYMPIA.

O Tausendmal willkommen!

Mein Trost / jetzt schließ ich auff.

LYSANDER.

Ist dir die Furcht benommen!

Nun wir versichert sind.

STORAX.

Wir stehn noch vor der Thür. —

Man fällt im Augenblick offt zwischen dar vnd hier /

LYSANDER.

Du Blöder! du wirst nicht so leicht dein Leben wagen.

STORAX.

Leicht wagen / aber Herr euch auch die Warheit sagen /

Vnd diß auß treuem Geist / mir ist die Seele feil

Mein Herr vor seinen Leib vnd seines Hauses Heil.

Olympia. Lysander.

OLYMPIA.

Willkommen süsses Hertz! O hochgewünschte Stunden!

LYSANDER.

O liebreich Angesicht! O höchst gewünscht gefunden.
Leid ist mir / daß ich sie gestört in jhrer Ruh.

OLYMPIA.

Mir lieb! mir setzte Furcht vnd grauses Schrecken zu /
In einem herben Traum! wie wol bin ich erwachet /
Sein Ankunfft hat mich Angst- vnd Sorgen-frey gemachet.
Mein Hertz folg ins Gemach!

LYSANDER.

Stracks! Wo mag Dorus seyn?
Laß durch den Hinterhof die Ross' vnd Diener ein.
Du Storax schleuß das Thor! gib acht auff alle Sachen /
Die mit von Hofe bracht.

STORAX.

Ich werd es richtig machen.
Mein Herr sey vnbesorgt.

OLYMPIA.

Last vns nicht länger stehn!
Es ist die tieffste Nacht.

LYSANDER.

Wolan mein Licht / wir gehn.

Cardenio. Das Gespenst in Gestalt Olympiens.
Der Schaw-Platz verwandelt sich in einen Lust-Garten.

Mein Trost! wir gehn so fern! vnd wechseln keine Worte!
Treugt mich das Auge nicht / so sind wir an dem Orte
Den sie bey stiller Nacht zu trauren jhr erwehlt!
Mein Engel! dessen Grimm mein reuend Hertze quält;
Ist jhr gerechter Zorn denn nicht zu überbitten!
Ich hab / es ist nicht ohn / weit ausser Pflicht geschritten!
Mehr auß verzweiffeln / denn aus Abgunst gegen jhr!
Sie Göttin! sie verzeih! die Seel' erstirbt in mir!
Wofern sie Schönste nicht hier wil den Haß ablegen /
Den meine Schuld entsteckt; sie lasse sich bewegen
Der heissen Threnen Fluß! der sanffte Westen-Wind /
Der durch die Sträucher rauscht beseufftzet vnd empfindt
Die vnaußsprechlich' Angst die meine Seele drücket /
Diane die bestürtzt vnd tunckel vns anblicket /
Bejammert meine Noth vnd bittet / wie es scheint /
Vor diesen / der für ihr auff seinen Knien weint:

48

Sie gönne mir doch nur jhr lieblich Angesichte /
Das Mond vnd Sternen trotzt! vnd mach in mir zu nichte
Durch einen süssen Kuß wo etwas allhier lebt
Das nicht Olympen lieb! die Nacht so vmb vns schwebt
Sey jhr statt einer Wolck der zart-gewirckten Seiden!
Mein Engel! ja sie wird von jhrem Diener leiden!
Daß er / dafern jhr Haß beständig zürnen wil /
Doch nur die Hüll abzieh' / vnd recht das blitzen fühl
So auß den Augen stralt

Der Schaw-Platz verändert sich plötzlich in eine abscheuliche Einöde /
Olympie selbst in ein Todten-Gerippe welches mit Pfeil vnd Bogen auff
den Cardenio zielet.

CARDENIO.
O Himmel ich verschwinde!
OLYMPIA.
Schaw an so blitzt mein Stral / dein Lohn / die Frucht der Sünde.

Tyche. Celinde. Cleon. —
Der Schaw-Platz stellet einen Kirchhof mit einer
Kirchen vor.

TYCHE.
Der Mond ist zimlich hoch / der kalte Wandel-Stern
Läst sich Nord-Ostlich sehn / das Licht ist gleich so fern
Als vns der Abend steht; die muntern Geister lehren
Ein jhn verknüpffte Seel / in dem sie schnarchen hören
Die jrrdisch sind gesinnt; biß sich der Vogel regt /
Der vnserm Thun ein Ziel durch seine Stimme legt.
Nunmehr ist keine Zeit / O Schönste zu verlieren /
Wo wir entschlossen sind das Werck recht außzuführen:
Sie suche denn das Pfand der vnerschöpfften Lust
Der jmmer-festen Trew in jhres Liebsten Brust /
Indem ich seine Seel in jenem Thal erweiche /
Daß sie vns willig sey zum darlehn jhrer Leiche!
Sie stell' jhr Sorgen ein: Vnd zage ferner nicht.
Vor alles Schrecken dien' jhr diß geweyhte Licht.
CELINDE.
Ach soll ich dieser That allein mich vnterfangen.
TYCHE.
Vmb immer-feste Lust vnd Ruhe zu erlangen!
CELINDE.
Allein / in diesem Ort:
TYCHE.

Steht Cleon nicht bey jhr!

CLEON.

Steht jhr ein Vnglück vor so widerfahr es mir!

CELINDE.

Allein den heil'gen Ort die Stunde zu betreten /

CLEON.

Diß thu ich für vnd für; es sey daß ich zu beten
Gesetzte Zeichen geb' / es sey daß man bedacht
Zu fordern diß vnd das / worzu die stille Nacht
Viel angenehmer scheint;

CELINDE.

Diß Stück ist nie gewaget!

TYCHE.

Von dieser mehr denn offt / die sie vmb Rath gefraget.

CELINDE.

Die leider mehr denn ich auff solchen Fall behertzt.

TYCHE.

Der Anfang fürchtet offt wormit das Ende schertzt.

CLEON.

Was fürchten wir vns doch! es ist ein eitel schwätzen;
Wormit man Einfalt sucht in Traum vnd Wahn zu setzen /
Meynt man daß sich ein Geist vmb Bein vnd Grab beweg /
Daß hier sich ein Gespenst / dort ein Gesichte reg /
Vnd Eifer vmb sein Asch'? Eröffnet nicht die Grüffte
Aegypten sonder Schew vnd bringt in freye Lüffte
Sein balsamirtes Fleisch das über See verschickt
Ein abgekräncktes Hertz im Sichbett' offt erquickt?
Entgliedern nicht die Aertzt' ohn Einred vnd Bedencken
Viel Körper die man wolt in jhre Ruh' einsencken /
Vmb andern dar zu thun woher die Seuch entsteh'?
Wo greifft die Kunst nicht hin! hat man der Menschen Weh /
Nicht offt durch Menschen-Blut / Fleisch / Glieder vnd Gebeine
Vnd feistes Marck gestillt? Durch todter Nieren Steine
Bricht der / der in vns wächst! man gibt nichts neues an!
Doch sucht man hier bey Nacht / in dem der Tag nicht kan
Bedecken derer Neid / die sich auff vns entzünden /
Weil wir zu aller Noth weit schneller Mittel finden
Als jhre Kunst vermag / die so manch weites Land
Vor mehr denn Menschlich hält / Haß rührt auß Vnverstand.

CELINDE.

Man kan ja jedes Bild mit schöner Farb anstreichen.

TYCHE.

Ich geh' / jhr: Fördert euch; last nicht die Zeit hin schleichen /
Die keinmal wieder kommt.

CELINDE.

50

Es sey gewagt.
CLEON.
Die Thür /
Ist offen; was wir thun bleibt zwischen jhr vnd mir!
Sie folg' ich wil die Grufft deß Ritters leicht entschlissen!
CELINDE.
Wohin verfällt ein Weib die so viel leiden müssen.

Cardenio.

Ach! tödtlich Anblick! ach! abscheulichstes Gesicht!
Ach grausamstes Gespenst! vmbringt mich noch das Licht?
Wie! oder ist der Geist bereits der Last entbunden
Vnd hat die Frucht der Schuld / der Sünden Sold gefunden?
Wo bin ich! faul ich schon in einer finstern Grufft?
Trägt mich die Erden noch? Zieh' ich noch frische Lufft
In die erschreckte Brust! ich schaw den Himmel zittern;
Ich schaw der Sternen Heer Blut-rothe Stralen schittern!
Wo bin ich! ists ein Traum / heischt mich der Richter vor?
Klingt seine Rechts-Posaun durch mein erschälltes Ohr?
Wie! oder geh ich wol durch dunckel grause Wege
So einsam / so allein / durch vngebähnte Stege /
Wo deß Gewissens Wurm stets die Verbrecher nagt:
Wo ein verdammter Geist der von sich selbst verklagt /
Vnd durch sich überzeugt in ewig-neuem Schrecken
Sucht seine Missethat vergebens zu verstecken?
Ach Gott! der Götter Gott! geh ich noch in der Zeit?
Beschleust mich schon das Ziel der langen Ewigkeit?
Ich fühle ja daß ich mit Gliedern noch vmbgeben!
Ists möglich: Daß ich kan nach solchem Anblick leben!
Doch ja! du grosser Gott du trägst mit mir Geduld
Vnd gönnst mir etwas Frist / die übermaste Schuld
In die ich mich verteufft dir weinend abzubitten:
Ich HErr / bin von der Bahn der Tugend abgeglitten:
Ich bins der in dem Koth der Laster sich gewühlt
Mehr viehisch als ein Vieh / der nimmermehr gefühlt
(Wie hart du angeklopfft) dein innerlich anschreyen /
Der mehr denn lebend tod / (ob schon du wilst befreyen)
Doch an der Sünden Joch / die schwere Ketten zeucht!
Der vor dir (Heil der Welt) in sein Verterben fleucht /
Mein Vater! ich kehr' vmb! ich knie vor diese Thüren
Vor dein geweihtes Hauß. Was aber mag sich rühren?
Was poltern hör ich an! mir stehn die Haar empor!
Verfolgt mich diß Gespenst biß an die heilgen Thor!
Hat sich der gantze Styx die Nacht auff mich verbunden!

51

Hat sich Cocytus Heer in diese Stadt gefunden.
Mein Gott! ich muß von hier! halt inn! was gibst du an?
Halt inn Cardenio! ob auch ein Rauber kan
Sich an den sichern Ort bey stillem Dunckel wagen
Vnd an geweyhtes Gold die frechen Hände schlagen!
Was weiß ich; ob nicht Gott mich an den Tempel führ
Zu retten seine Kirch! wie fein: Daß ich verlier /
Gelegenheit das Schwerdt einmal vor Gott zu zucken:
Vnd Mördern auß der Faust den schweren Raub zu rucken /
Ist diß mein grosser Mut! ach nein. Die Kling ist frey
Der steh'/ auff den ichs wag / dem guten Vorsatz bey.
Die Thüre wie ich fühl gibt nach vnd ist entschlossen!
Diß zeigt nichts redlichs an! die Riegel weggeschossen!
Gewiß sind Rauber hier! wie komm' ich auff die Spur;
Dort hängt von oben ab an Gold gewürckter Schnur
Ein köstlich hell-Cristall in dem die Flamme lebet
Die durch ein Tacht ernährt auff reinem Oele schwebet /
In reiches Silberwerck / vor Anstoß / eingesenckt.
Wie daß die Rauber nicht den schönen Schmuck gekränckt /
Der sich doch selbst entdeckt? Was kan ich hierauß schlissen!
Es geh nun / wie es geh / so muß ichs dennoch wissen!
Warumb entzünd ich nicht die Kertze vom Altar
Bey dieser Ampel Glantz! vnd suche wo die Schar
Sich zu verbergen sucht! hier ist noch nichts entwendet;
Doch haben sie vielleicht das Stück nicht recht vollendet.
Was aber find ich hier! wie? Ein entseelte Leich
Gelehnt an diese Maur! von Fäule blaw vnd bleich!
Verstelltes Todten-Bild! weit eingekrämpffte Lippen!
Was sind wir arme doch! so bald man an den Klippen
Deß Todes scheitern muß / verschwindet die Gestalt
Die vorhin frische Haut wird vor dem Alter alt /
Vnd Stanck / vnd Staub / vnd nichts! was aber hier zu sagen!
Ob nicht der Cörper wol auß seiner Grufft getragen
Indem man Särg erbricht! vnd mit erhitztem Mut
Durchstanckert Asch vnd Bein' vmb das verfluchte Gut.
Wer rennt der Thüren zu / so lang / so schwartz bekleidet?
Halt an! er ist dahin! der frembde Fall beneidet
Die nie erschreckte Faust! doch einer wird allein
Zu diesem Kirchen-Raub nicht außgerüstet seyn.
Vnd recht! dort stralt ein Licht auß dem entdeckten Grabe!
Wol daß ich in dem Nest das Wild ergriffen habe!
Was habt ihr Mörder vor.
CELINDE.
    Weh! weh! mir! ich bin tod.
CARDENIO.

O Gott was find ich!

CELINDE.

Ach! ich sterb in höchster Noth. *is dying.*

CARDENIO.

Ist diß Celinde; wil mich ein Gespenst erschrecken!

CELINDE.

Wil mich Cardenio auß dieser Grufft erwecken!

CARDENIO.

Celinde schaw ich sie!

CELINDE.

Schickt ihn der Himmel mir!

CARDENIO.

Zu ihr in diese Grufft!

CELINDE.

Mein Herr ich sterb allhier!

CARDENIO.

Ists möglich daß ich sie Celind' allhier soll schauen!

CELINDE.

Er schau't mich hier verteufft in vnerhörtes Grauen.

CARDENIO.

Wer führt sie in ein Grab. *Who's done this??*

CELINDE.

Verzweiffeln Herr / vnd er!

CARDENIO.

O grauses Wunderwerck!

CELINDE.

Mir leider viel zu schwer.

Wofern sein Haß auff mich noch wie vorhin erbittert;
So schaw er auff ein Hertz / das in der Angst erzittert
In die es sich gestürtzt / mein Herr / vmb jhn allein!
Vnd stosse seinen Stahl zu enden diese Pein
Durch die entblöste Brust: Dafern er mit mir armen
Mitleiden tragen mag / so woll' er sich erbarmen /
Vnd führe mich von hier!

CARDENIO.

Ists! oder ists ein Schein! *Can this be true?*
Soll sie Celinde denn in lauter Warheit seyn!
Nein; das Gespenst / das durch Olympen mich gefället;
Hat in Celinden sich den Augenblick verstellet /
Vnd läst wofern ich sie mit einer Hand berühr!
Ein schändlich Todten-Bild / gleich als vorhin / für mir.

CELINDE.

Er rette wo er kan! er rette mich Betrübte!
Er rette dieses Hertz / das jhn so hertzlich liebte.

CARDENIO.

Sie steige zu mir auff. *Come up here*

CELINDE.

Es hält mich etwas an!
Doch schaw ich nichts als jhn. Er reiche (wo er kan)
Mir den behertzten Arm! O Gott! last vns von hinnen!

CARDENIO.

Celinde möcht ein Mensch so frembden Fall ersinnen!
Wie kommt sie an den Ort bey vngeheurer Nacht?

CELINDE.

Mein Herr / er forsche nicht! wenn ich von hier gebracht
Wil ich mein Elend ihm ohn Vmbschweiff glatt außlegen
Mein Herr von hier!

CARDENIO.

Schaw ich den Todten sich bewegen?
Er eilt dem Grabe zu; die Glieder zittern mir!
Die Schenckel sind erstarrt:

CELINDE.

Mein Herr! mein Hertz von hier.

Das Gespenst deß Ritters.

Deß Höchsten vnerforschliches Gerichte
Schreckt eure Schuld durch dieses Traur-Gesichte
Die jhr mehr tod denn ich! O selig ist der Geist
Dem eines Todten Grufft den Weg zum Leben weist.

Reyen.

Dennoch kan die letzte Macht
Die vns sterben heisset /
Vnd ins Grabes lange Nacht /
Von der Erden reisset:
Dennoch kan sie über dich
Mensch nicht gantz gebitten /
Weil der Geist von jhrem Stich
Wird vmbsonst bestritten.

Zwar der Leichnam gehet ein *corpse*
Hertz vnd Augen brechen
Wenn sich in der letzten Pein
Arm' vnd Glieder schwächen /
Das geliebte Fleisch verfällt
Wie bey heisser Sonnen
Sich ein Bild von Wachs verstellt /
Biß es gantz zerronnen.

54

Bringt Aspaltens Hartz hervor
Balsam / Nard' vnd Myrrhen.
Was Socotor' je erkor /
Was die / so stets jrren
Vmb Sarunbun lasen auff /
Bringet Specereyen /
Die Molucc je gab zu kauff /
Hier wird nichts gedeyen.

Was du an dir trägst ist Staub /
Es kam von der Erden.
Vnd muß durch der Jahre Raub
Staub vnd Erden werden.
Was verwahrt die raue Grufft
Vnter jhrem Steine /
Der auch stumm / von sterben rufft /
Als verdorrt Gebeine?

Aber vnser bestes Theil
Weiß nichts von verwesen /
Es bleibt in den Schmertzen Heil /
Sterben heist's genesen /
Es ergetzt sich ob dem Licht /
Das es vor nicht kante
Als es in deß Leibes Pflicht
Zeit vnd Welt verbante.

Doch / dafern es nicht verkehrt
Mit deß Fleisches Wercken;
Die deß höchsten Richters Schwerdt
Heist zur Straff auffmercken.
O wie selig ist die Seel
Die von Leib vnd Sünden
Loß / nach jhres Kerckers Höl
Kan die Freyheit finden.

Sie weiß nichts von Ach vnd Leid
Das die Menschen quälet /
Weil sie in der Ewigkeit
Ihre Ruh' erwehlet /
Doch wird keine für vnd für
Dieser Lust genissen /
Die nicht einig lernt in dir
HErr den Lauff beschlissen.

Die Fünffte Abhandelung.

Vireno. Lysander. Olympie.

So ists! er ließ mich hoch vnd überhoch belangen /
Ich wolte dieser Müh bey euch mich vnterfangen
Ja melden / als es mich daucht vnbequem vnd schwer
Daß sein vnd euer Heil hieran gelegen wär.

OLYMPIA.

Mein Hertz / es steht bey jhm! sein bitten abzuschlagen
Es steht jhm gleichsfalls frey ob er den Gang wil wagen /
Doch / bitt ich / nicht allein! mich lass' er vnbeschickt
Die nichts mit jhm zu thun. Die keusche Tugend blickt
Nie in ein frembdes Hauß! vnd mag ichs dürr außsagen:
Was hat Cardenio nach mir vnd jhm zu fragen!
Man weiß es leider wol / worein er mich geführt /
Lysander hat von jhm nie keine Gunst verspürt.
Warumb begehrt er denn von vns ersucht zu werden?
Ists solche Wichtigkeit! wir stehn auff einer Erden /
Der Weg in vnserm Hof ist jedem vnverschrenckt /
Er komm vnd find vns selbst / ist etwas das vns kränckt
Darvor er Mittel weiß / so wil es vns obliegen /
Zu forschen wo er sey / vnd sich vor jhm zu schmiegen /
Hier blickt das Gegentheil. Drumb wüntscht ich (möcht es seyn!)
Man stellt' auff meinen Rath / nur diß besuchen ein.

LYSANDER.

Wahr ists / Cardenio ist nie mein Freund gewesen!
Weil ich durch seine Pein in meiner Angst genesen.
Diß aber reitzt mich / daß ich jhm entgegen geh /
Vnd jetzt zu Willen sey! denn (wo ich recht versteh)
Muß freylich dieses Werck was wichtigs auff sich haben /
Daß er / der nie gewohnt / was sänffter her zu traben
So embsig nach vns hofft. Er sprech vns selber zu /
Diß wend sie ein / mein Hertz / wer weiß warumb ers thu.
Daß er vns mehr bey sich / als sich bey vns wil wissen?
Vielleicht sucht er das Werck geheimer einzuschlissen /
Als vnser Hof verträgt / indem so mancher acht
Auff diß was seltsam gibt / ein munter Auge wacht
Vmb alle Heimligkeit auffs beste zu verdecken!

OLYMPIA.

Wer etwas guts beginnt / sucht nicht sich zu verstecken.
Ich kenne sein Gemüt / das Haß vnd Eifer treibt /
Wer diese Räth' anhört / vergist sein selbst vnd schreibt /
Mit lauter Menschen-Blut sein jmmer-new Verbrechen!
Wer weiß an wem er sich gesonnen sey zu rechen!

Indem er gleich von hier; wie du mir Zeitung bracht
Mein Bruder / reisen wil / vnd noch vor dieser Nacht.
VIRENO.

Niemand wird wer er sey / dir Schwester besser sagen /
Als der / der seine Wund / auff dieser Brust getragen /
Als er mich bey der Nacht genöthigt überfiel /
Diß glaube / daß ich jhn nicht viel außstreichen wil /
Noch weniger bedacht sein nicht gelobtes Leben /
Durch vngegründten Ruhm vor beyden zu erheben!
Er sey nun wer er sey; ich traw jhm gar nicht zu
Daß er was arges spinn; was weiß ich oder du /
Ob dieser Gang nicht kan zu aller Nutz gedeyen;
OLYMPIA.

Ob nicht zu aller Angst! es wolle der verleyen /
Der in die Seelen siht / daß mein Wahn eitel sey.
LYSANDER.

Mein Hertz / sie fürchte nicht / jhr Bruder steht mir bey!
VIRENO.

Traw Schwester / es ist hier was sonders angelegen /
Drumb halt vns nicht mehr auff / vnd laß dich selbst bewegen
Zu gehn wohin man dich so embsig hat ersucht!
OLYMPIA.

Ich Bruder bin bereit; wiewol es sonder Frucht!
Kein Vorwitz führt mich mit! wo hier Gefahr verborgen /
Entbrenne sie auff mich; wo wir vergebens sorgen;
So zeige meine Pflicht / daß die sich recht bedacht
Die weniger sich selbst / den Mann vnd Bruder acht.

Pamphilius. Virenus. Celinde. Cardenio.
Olympie. Lysander.

CARDENIO.

Mein Freund Viren' ich bleib' auff ewig dir verbunden /
Daß du auff diesen Tag Gelegenheit gefunden /
Mir diß geliebte Paar zu stellen vor Gesicht;
Lysander glaub es fest / daß er auff Erden nicht
Könt jemand werther Gunst als mir die Stund erzeigen!
Sie / Himmel-werthe Fraw / die Tugend gantz zu eigen /
Vnd Zucht zu Willen hat / die ich zum ersten mal
Mit reinem Aug' anschaw / nachdem die tolle Qual
Die mich so lange Zeit vnsinnig hat gerissen /
Wie! leider! vnd wohin! die Nacht sich enden müssen.
Sie decke nicht vor mir jhr herrlichs Angesicht!
Diß ist mein letzter Wuntsch. Lysander eifre nicht.
Ich bin Cardenio! nicht der ich bin gewesen

Mehr toll als tolle sind! nein! nein! ich bin genesen!
Von Hoffen / Wahn vnd Pein / vnd was man Liebe nennt
Der Höllen heisse Glut die in dem Hertzen brennt /
Vnd vns ans Rasen bringt. Was hab ich nicht begangen?
Als diese Seelen-Gifft den blinden Geist gefangen!
Welch' Vnthat hab ich nicht biß auff die letzte Nacht
So manches schönes Jahr (ich Thörichter!) verbracht.
Ich war! ich wil numehr nur meine Schuld bekennen!
Lysander mit dem Stahl sein Hertze zu durchrennen
Gewaffnet vnd bereit! die Faust schwur (höchster Gott
Verzeih dem frechen Trotz!) Lysander seinen Tod.
Olympe dieses Licht ziehlt auff Lysanders Leichen!
Vnd siht mich selbst vor jhr voll heisser Rew' erbleichen!
Was schafft ich nicht vorhin Olympen Angst vnd Müh'
Jetzt fall' ich vor sie beyd auff mein gebeugtes Knie /
Lysander zage nicht! hier liegt mein mordlich Eisen!
Er stoß es durch mich selbst / ich wil jhm Gänge weisen
Durch mein betrübtes Hertz': Ist mein Gewehr zu schlecht;
Er zucke seinen Stahl vnd schaff jhm selber Recht.
Ich wil den Tod von jhm / mein ein vnd hoch Verlangen /
Vor meine Missethat als ein Geschenck empfangen.
OLYMPIA.
O Himmel! was ist diß! was Schwermut greifft jhn an!
LYSANDER.
Cardenio mein Herr! wofern ich bitten kan
Er knie nicht vor vns / ich werd' vnd kan nicht rächen
Was niemal mich verletzt!
CARDENIO.
Lysander mein Verbrechen
Heischt diß befleckte Blut.
LYSANDER.
Mein Herr / auff von der Erd
Wofern man rechnen soll so bin ich straffens werth
Der jhm vor diesem wol mehr als den Geist verletzet.
Zog er die Kling auff mich; so hab ich sie gewetzet!
Ich bitt jhm meine Faust vnd liefer jhm mein Hertz.
OLYMPIA.
Cardenio wofern diß ein benebelt Schertz /
So spielt er nur zu viel mit Leuten von Gewissen!
Ists denn ein rechter Ernst; warumb vor vnsern Füssen /
So Wahnmuts voll gekniet! ich bitte kan es seyn /
Er stelle gegen vns sein langes schwermen ein.
Vnd poche nicht vmbsonst auff sein verwähntes Eisen!
Wird seine Seel' jhm nicht manch schrecklich Beyspiel weisen /
Daß Vbermut gestürtzt: So denck' er / daß es früh /

58

Vnd man nicht wissen mag wie auch die Nacht auffzieh.

CARDENIO.

Ach über-reine Seel! ach sind denn meine Zehren /
Nicht Zeugen ernster Rew; vnd muß ich sie beschweren /
Indem mein zagend Geist von jhr Vergebung sucht.

OLYMPIA.

Mein Herr er suche nichts / als vnbefleckte Zucht!
Kans aber möglich seyn / daß er sich selbst gefunden!
Er / der vorhin vor jhm vnd allem Ruhm verschwunden!
Wie gehts doch jmmer zu?

CARDENIO.

Fürwahr ich weiß nicht wie!
Diß fühl ich; daß die Nacht / auß der verfluchten Müh /
Deß Allerhöchsten Faust mich kräfftig hat gerissen
Durch Mittel / darvor ich vnd alle zittern müssen!
Doch mich alleine nicht! Celinde neben mir
Entbrant in keuscher Glut voll heiliger Begier /
Denckt auff ein höher Werck!

LYSANDER.

Wie / ist er mit Celinden
Durch festen Schluß der Eh' gesonnen sich zu binden?

CARDENIO.

Ach nein! der Wahn ist falsch! Celinden Lieb' ist tod.
Celinde liebt mit mir nichts als den höchsten Gott.

OLYMPIA.

Ich hör auß seinem Mund jetzt lauter Wunder-Wercke;
Ich bitt' / er zeig' vns doch welch eine frembde Stärcke /
So mächtig über jhm?

CARDENIO.

Wolan / ich bin bereit /
Ob zwar der frembde Fall / nicht sonder Bitterkeit /
Nicht sonder Grauen kan von der gehöret werden /
Der ich / so lang ich leb' auff diesem Kreiß der Erden
Hierdurch verpflichtet bin! die dunckel-braune Nacht
Hatt' in den Mittel-Punct deß Himmels sich gemacht /
Diane stieg hervor mit halb-verwandten Wangen /
Als ich entbrand von Haß / gantz einsam / außgegangen
Lysander, seinen Tod zu fördern durch diß Schwerdt/
Ich wust' es wo er schon vor Abends eingekehrt /
Ich wust' es daß er noch würd' (ob wol spät) ankommen.
Indem ich mir den Schluß zu fördern fürgenommen /
Vnd halt vmb seinen Hof; seh' ich die Thür auffgehn!
Ich schaw ein Frauen-Bild vmbschleiret vor mir stehn!

OLYMPIA.

Cardenio so ists / schwermütige Gedancken /

59

Benebeln die Vernunfft / die ausser allen Schrancken
Auff solche Träume fällt!

CARDENIO.

Man höre mich recht an!
Ich ward Olympie, mehr als sie glauben kan /
Verwirret vnd bestürtzt; als der sie gantz nicht kennte
Biß auff mein Wort sie sich mit eignem Nahmen nennte.
Zwar wand sie erstlich ein; daß sie die halbe Nacht
Bey jhr Olympie am Tische zugebracht!

OLYMPIA.

Bey mir! die gestern / Herr! kein frembdes Weib geschauet!

CARDENIO.

Geduld! ich der hierauff ohn Argwohn fest gebauet;
Bot mein Geleit jhr an! daß / nun ichs recht betracht;
Nicht hoch! (doch nur zum Schein) noch noth von jhr geacht!
Drauff küst ich jhre Faust / vnd ging an jhre Seiten;
Sie / ob / sie zwar sich ließ die gantze Gaß ableiten;
Gab auff mein Reden doch kein einig' Antwort mehr /
Wie hefftig ich auch bat: Biß Eifer / Rach / vnd Ehr /
Vor jhr / zu Hertzen ging / was? Solt ich diese führen
Die mir den Mund nicht gönn't / vnd dort die Zeit verlieren /
Die nicht mehr wieder kömmt: Die Stunde rennt zu sehr /
Die Nacht so jetzt vergeht / gewinn' ich nimmermehr.
So schloß ich; vnd entschloß sie plötzlich zu gesegnen
Die aber / mehr bereit als vor mir zu begegnen
Fuhr recht entrüstet auß; klagt über meine Trew;
Schalt meinen Wanckelmut; vnd sprach ohn eine Schew /
Daß sie Olympe selbst / die mich so hertzlich liebte /
Die nun von mir veracht / auß Eifer sich betrübte.
Warff mir Celinden vor / bestund auff diesem Wort /
Daß sie bey stiller Nacht in einem wüsten Ort
Gewohnet über mir viel Threnen zu vergissen /

OLYMPIA.

Gott / aller Götter Gott! wofern mein rein Gewissen
Mich nicht vnschuldig macht / so sey mein gantzes Hauß
Mir Zeuge! was noch mehr: Lysander sag es auß /
Wenn / wo vnd wie er mich noch diese Nacht gefunden!

CARDENIO.

Olympe sie verzeih / wo sie / wie meine Wunden
Von Grund auß sind verheilt / vmbständlich wissen wil
So muß sie in was Noth mein sicher Geist verfiel
Erkennen von mir selbst! ich aber mein verhoffen /
Starrt eine lange Zeit / von diesem Blitz getroffen /
Biß ich mich vnterwand zu lindern jhren Grimm
Doch / wie es schien / vmbsonst. Sie schloß die süsse Stimm /

Vnd eilte neben mir durch nicht bekante Stege
In ein sehr fest vmbzäunt vnd lustiges Gehege /
Voll Blumen / voll Cypreß / vnd was das Aug ergetzt /
Da hat die Schönste sich auff einen Fels gesetzt /
Vnd ich mich neben sie / doch schwieg sie was ich klagte /
Gleich einem Marmel-Bild / mein brennend Hertz verzagte
Weil sie die Lippen schloß. Lieb / Einsamkeit vnd Nacht
Bestritten mich so fern / biß ich schier sonder Macht
Vnd zitternd mich erkühnt jhr Antlitz zu entdecken /
Da sah' ich! vnd erstarrt in vngeheurem Schrecken /
Da sah' ich! vnd erblast! da sah' ich keine Zier!
Da sah' ich! vnd verging / Olympen nicht vor mir!
Ich sah' ein Todten-Bild! ohn Aug / ohn Lipp vnd Wangen /
Ohn Adern / Haut vnd Fleisch / gehärt mit grünen Schlangen /
Daß / eh' ich mich versan die Kleidung von sich riß
Vnd Sehn vnd Pfeil ergrieff / als mich der Geist verließ /
Vnd grimmig auff mich zielt / als ich in Schwindel stürtzte
Vnd Ohnmacht mir zugleich so Furcht als Athem kürtzte /
So fällt ein Rittersmann / der vor dem Feinde steht /
Wenn jhm das heisse Bley durch Brust vnd Rücken geht /

LYSANDER.
Ich wartet als entzuckt / wie sich das Spiel wolt enden /
Nun spür' ich daß Gott selbst den Vnfall wollen wenden /
Der mich doch oder jhn durch / wo nicht beyder Tod /
Doch eines Vntergang / hätt' in gewisse Noth /
Geführt eh' ichs gefürcht.

OLYMPIA.
Was soll mein Hertz vermutten?
Ziehlt diß auff meine Schmach / geschicht es mir zum gutten!
Soll ich zu eigner Schand' vnd eines andern Pein /
Hör an gerechter Gott! der Geister masque sein.

CARDENIO.
Nachdem sich mein Geblüt anfangen zu bewegen;
Vnd ich gleich als erweckt die Glieder konte regen /
Befand ich mich allein auff einem rauen Feld /
Das durch gehäufften Grauß vnd Hecken gantz verstellt.
Ich eilte zitternd weg / als einer / der der Drachen
Vergifftet Nest entdeckt / vnd der dem heissen Rachen
Der Löwen kaum entkömmt / doch find ich für vnd für /
Vnd spür / ob ichs nicht seh' das Traur-Gespenst vor mir /
Diß zwingt mich; kommt mir ein wie rasend es sich wittert /
Wie es den Bogen spannt / wie es den Pfeil erschittert /
Zu dencken wer ich sey! auff welcher Bahn ich steh /
Wie alle Pracht der Welt in Eitelkeit vergeh!
Wie schnell ich dieses Fleisch der Erden soll vertrauen /

Vnd den gerechten Thron deß höchsten Richters schauen /
Der schon mein Lebens-Buch durchsiht vnd überschlägt /
Vnd das geringste Wort auff schnelle Wage legt.
Wie werd ich vor jhm stehn / ich der voll toller Lüste /
Nach keuscher Ehre steh' / der mich erhitzt entrüste /
Auff ein nicht schuldig Blut / mit so viel Blut befleckt
Mit Lastern Scheitel ab / biß auff den Fuß bedeckt.

VIRENO.

Ach ja! der Donner schreckt vnd weckt ein kranck Gewissen.

CARDENIO.

Noch hab ich auff den Schlag was mehr empfinden müssen;
Ich jrr'te sonder Rath / mir war kein Weg bekand /
Biß ich mich vnverhofft vor einer Kirchen fand /
Da sanck ich auff die Knie / vnd schwur dem wüsten Leben
Auff ewig gute Nacht / von diesem nun / zu geben /
Es floß auff jeder Wort der Threnen milde Bach
Biß ein Gepolter mir die Red' vnd Andacht brach.
Erschreckte fürchten leicht. Was kont ich anders dencken
Als daß ein new Gespenst erschienen mich zu kräncken /
Vnd gab mich auff die Flucht / doch fiel mir endlich ein /
Es könten Rauber wol daselbst in Arbeit seyn.
Ich glaubte was ich wähnt / vnd schloß mit steiffer Klingen
Den Frev'lern auff der That / die Beuten abzudringen!
Was mich noch mehr verstärckt war das deß Tempels Thür
Gantz Schloß- vnd Riegel-frey / die redliche Begier
Zwang mich ins Heiligthum / in welchem keine Zeichen
Von einem Kirchen-Raub. Doch fand ich eine Leichen /
Am Pfeiler angelehnt halb von der Grufft verzehrt /
Mit diesem läufft ein Mensch den ich mit Kertz vnd Schwerdt
Wiewol vmbsonst verfolgt / auß den geweihten Schrancken!
Diß eben brachte mich auff vorige Gedancken /
Daß eine freche Schaar sich dar vmb Raub versteckt /
Biß mir ein stralend Licht ein offen Grab entdeckt
Als ich nach diesem gieng / in Meinung / sie zu finden!
Traff ich in dieser Höl (O frembder Fall!) Celinden,
Die mich (den neue Furcht vnd grösser Angst betrat)
Mit schier erstarrter Stimm vmb Lebens Rettung bat.
Ich starrt vnd zweiffelt / ob der Himmel mein Verbrechen
Durch solche Traur-Gespenst entschlossen sey zu rächen /
Ja glaubte wenn ich sie mit einer Hand berührt /
Das gleich Olympens Bild / das mich zuvor verführt;
Sie in ein schrecklich Aaß sich werde stracks verkehren
Doch must ich endlich jhr / was sie begehrt gewehren.
Ich halff jhr auß der Grufft / in die der Leichnam eilt
Der an dem Pfeiler sich / wie schon erwehnt / verweilt.

62

Wir rennten auß der Kirch vnd wie durch gleiche Wunden
Vor beyder Hertz verletzt / so sind wir gleich verbunden!
Sie lescht mit Threnen auß der tollen Liebe Glut
Ich flieh was flüchtig ist / vnd such ein höher Gut.

OLYMPIA.

Hat jemand weil der Baw der rundten Welt gegründet /
Weil Gott das grosse Licht der Sonnen angezündet
Dergleichen Stück erhört! welch vngeheure Macht /
Hat in ein Todten-Grab Celinden lebend bracht!

CELINDE.

Das euch / Cardenio, sein Vnrecht zu bekennen
Gantz kein Bedencken trägt; möcht jemand Wahnwitz nennen
Ich fühl in mir / daß der noch wol zu retten sey /
Der seine Seuch entdeckt. Man wird von Sünden frey
Wenn man die Sünden nicht entschuldigt / schmückt vnd färbet /
Ich bins Olympie die auff den Tod verterbet /
Die / wie sie selber weiß / nie nach dem Schmuck getracht /
Der keuscher Frauen Geist vor allen herrlich macht.
Zwar hat die erste Zucht gar viel bey mir versehen /
Doch meine Jugend ließ selbst jhre Blum abwehen /
Als mich der Westen Wind der Geilheit überfiel
Bald riß ich weiter auß vnd überschrit das Ziel
Der vorhin schweren Schuld / vnd ward durch den gefangen /
Der jhr Olympie so hefftig nachgegangen.
Cardenio als er an der verzweiffeln must
Der Ihre Treu zu werth / ergetzte meine Lust.
Doch leider kurtze Zeit: So wenn die Rosen liegen
Auff die die Sonne fällt / siht man die Bienen fliegen
Die vor der Honig-Thaw' auff jedem Blat erquickt!
Ich / die weit mehr durch jhn / als er durch mich verstrickt /
Verging durch seine Kält / vnd als er mich verlassen /
Begont ich Sonn' vnd Tag vnd Leben selbst zu hassen /
Ich sucht / vnd nur vmbsonst / durch alles seine Gunst
Biß mir Verschmachtenden / die tolle Zauber-Kunst /
Versprach ein Feur in jhm / das ewig / zu entzünden /
Wofern ich könt ein Hertz auß einer Leichen finden /
Daß ich / weil sie der Zeit auff dieser Welt genaß /
Durch vnverfälschte Gunst biß auff den Tod besaß /
Was solt ich arme thun? Die Noth hat mich gezwungen /
Vnd in Marcellens Grufft bey stiller Nacht gedrungen /
Die Cleon den mehr Geitz als mich die Liebe quält
Mir mit der Kirch entschloß / als er mein Gold gezehlt.
Er halff Marcellens Sarg mir in geheim entdecken
Da ich die Leich erblickt: Erzittert ich vor Schrecken.
Wo war der Stirnen Glantz / wohin der Augen Paar?

Wohin Marcellus selbst? Was läst vns doch die Baar
Als ein verstelltes Aaß / das blauer Schimmel decket
Das eine braune Fäul ansteckt vnd gantz beflecket /
Vnd ob ich zwar bestürtzt; erkühnt ich doch die Händ /
Zu öffnen seine Brust / als ich die Leinwand trennt /
In die sein Leib verhüllt (O grause grimme Sachen!)
Begönt er auß dem Schlaf deß Todes zu erwachen /
Er zuckt vnd richte sich von seinem Lager auff /
Vnd sprach: (weil Cleon mir entsprang in vollem Lauff)
Ha! grausamste / was führt dich her zu mir?
Ists nicht genung daß vmb dich vnd vor dir /
Ich diese Stich in meine Brust empfangen /
Durch die mir Blut vnd Seel ist außgegangen?
Erbrichst du noch die stille Todten-Klufft
Vnd wilst diß Hertz? Kan denn die heilge Grufft
Nicht sicher seyn / vnd ich in der nicht rasten
Must du mich hier / auch nun ich hin / antasten.
So sprach er: Vnd erhub sich auß dem Staub der Erden;
Ich sanck auff seinen Sarg. Was noch erzehlt kan werden
Hat schon Cardenio vor mir euch dar gethan.
Der seiner Faust entging durch vnbekante Bahn /
Ist Cleon Zweiffels ohn / vnd die erblaste Leichen /
Die an dem Pfeiler stund war meines Lasters Zeichen /
Es war deß Ritters Leib / an den ich mich gewagt /
Den meine freche That auß seiner Grufft verjagt.
Hab ich nun / was vorhin ich suchte / nicht gefunden;
So bin ich doch der Angst vnd aller Band' entbunden.
Veracht Cardenio mein vor geliebt Gesicht:
Ich / die das Grab erkühlt / fühl auch sein Feuer nicht /
Kont ich jhn nicht vorhin zu meiner Liebe zwingen /
Jetzt kan die Liebe nicht Celinden mehr bespringen.
Zeigt jhre Fackel mir hoch angenehmen Schein;
Deß Todes Fackel zeigt das Ende meiner Pein.
Marcell dein blasser Mund / dein rauh' vnd heischer Stimme
Läst nun vnd ewig nicht / daß hier ein Funck entglimme /
Von dem verfluchten Brand / den du in mir ersteckt
Als dein entseelter Mund mich Thörichte geschreckt /
Ade verfälschte Lust! Ade nicht reine Flammen!
Ihr Vorbild höllscher Glut! Celinde wil verdammen /
Was jhr Verdammen würckt! Celinde wil allein
Von dieser Stund an Gott ein reines Opffer seyn!
Weg Perlen! weg Rubin / vnd Indiansche Steine!
Die Threnen darmit ich mein Vbelthat beweine;
Siht der vor Perlen an / dem ich befleckte Fraw
Zu einer Magd mich selbst auff ewig anvertraw.

Ade Cardenio, den ich von Gott gezogen!
Cardenio, den ich vmb Ehr vnd Ruhm betrogen!
Cardenio, den ich vmb alles / was geacht /
Vmb Redligkeit vnd Trew vnd rein Gewissen bracht /
Ade Cardenio! durch den ich bin entgangen
Als meiner Straffen Heer mich diese Nacht vmbfangen!
Ade Cardenio! mein Hertze bricht entzwey
Vor Wehmut / noch ein Wort; Cardenio verzeih!

CARDENIO.
Celind' ich bin durch mich / vnd nicht durch sie verführet!
Dafern sie meinen Gang als auff der Jagt verspüret;
Rieth mir doch mein Verstand den Netzen zu entgehn /
In die ich willig lieff; gläntzt jhr Gesichte schön /
Das mich bezaubert hat; so hieß doch mein Gewissen
Vor diesen Sonnen mich die blöden Augen schlissen /
Strit lieblichste Syren jhr artiger Gesang
Mit jhrem Harffen-Spiel / mit jhrer Lauten Klang;
Mir stund mit jenem frey die Ohren zu verstopffen /
Geliebt jhr an mein Hertz so lieblich anzuklopffen?
Ich ließ sie selber ein! der Mensch fällt nur durch sich.
Sucht sie Verzeihung hier! ich selbst verklage mich.
Ich / der in Lust entbrand jhr' Uppigkeit gepriesen
Ich / der sie mehr vnd mehr zu Lastern angewiesen;
Ich / der jhr selbst vertrat der keuschen Tugend Bahn!
Ach was ich nicht gewehrt / das hab ich selbst gethan!
Hat mir Olympie, die ich vmbsonst bekrieget /
Nach starcker Gegen-wehr so herrlich obgesieget;
Kont ich Celinden denn nicht vnter Augen gehn
Vnd vnverletzt dem Pfeil der Liebe widerstehn?
O Wunder dieser Zeit / die ich allein erhebe
Vnd vorhin stets verfolgt / Olympe sie vergebe /
Dem der vor ausser sich / sie / vnd sich selbst verkennt
Der als ein toller Löw / jhr keusches Lamb / nachrennt.
Ich war jhr grimmster Feind; als mich bedaucht ich liebte /
Sie Schönste liebte mich / mich dunckte sie betrübte:
Jetzt lob ich jhre Zucht vnd vnvergleichlich Ehr!
Vor diesem war ich blind vnd raast je mehr vnd mehr
Nach eignem Vntergang. Ich bin durch sie gestiegen /
Vnd schaw Cupido dich vor meinen Füssen liegen /
Der Köcher ist entleert / der Bogen Sehnen-frey /
Deß Todes strenge Faust bricht seine Pfeil entzwey /
Die Fackeln leschen auß von meinen steten Zehren /
Vor hast du mich verletzt / jetzt kan ich dich entwehren /
Vnd mangelt mir noch was zu dämpffen deine Pein;
So soll Olympens Sieg deß meinen Richtschnur seyn.

OLYMPIA.

An mir Cardenio wird man nichts preisen können /
Ich preise mehr / was jhm der Höchste wollen gönnen!
Was bißher je von jhm / zu wider mir geschehn /
kührt daher / daß er mich nicht selbst hat angesehn /
Ihn hat mein nichtig Fleisch / der falsche Schnee der Wangen
Vnd deß Gesichtes Larv / vnd dieser Schmuck gefangen
Den mir die Zeit abnimmt / nun hat die wahre Nacht
Mein Antlitz recht entdeckt. Herr! dieser Liljen Pracht /
Deß Halses Elffenbein sind nur geborgte Sachen
Wenn das gesteckte Ziel mit mir wird ende machen;
Vnd mein beklagter Leib / den er so werth geschätzt
Nun zu der langen Ruh' in seine Grufft versetzt /
Vnd Cynthie dreymal mit vollem Angesichte
Vnd wieder noch dreymal mit new entsterktem Lichte
(Nicht länger Bitt ich Frist /) der Hörner Flamm erhöht;
(Wie nichts ist! was an vns so kurtze Zeit besteht)
Denn such' er meinen Rest! was jhm der Sarg wird zeigen
In den man mich verschloß / das schätz er vor mein eigen /
Das ander war entlehnt!

CELINDE.

O wol vnd mehr denn wol!
Dem / der so fern sich kennt; weil er noch leben soll /
Nicht / wenn der Tod schon rufft.

PAMPHILIUS. (secret friend)

Wol dem der stets geflissen
Auff ein nicht flüchtig Gut / vnd vnverletzt Gewissen! ✳

wit Take caution on your time!

LYSANDER.

Wol dem der seiner Zeit / nimmt (Weil noch Zeit) in acht!

VIRENO.

Wol diesem der die Welt mit jhrer Pracht verlacht. glory

PAMPHILIUS.

Wol dem / dem GOttes Hand wil selbst das Hertze rühren! ✳

OLYMPIA.

Wol dem der sich die Hand deß Höchsten lässet führen!

CELINDE.

Wol dem der jeden Tag zu seiner Grufft bereit!

PAMPHILIUS.

Wol dem / den ewig krönt die ewig' Ewigkeit.

CARDENIO.

Wer hier recht leben wil vnd jene Kron ererben /
Die vns das Leben gibt; *denck jede Stund ans Sterben.*

Ende.

Whoever wants to live correctly/well should constantly think about death.

66

Biographie

1616
2. Oktober: Andreas Gryphius (eigentlich Greif) wird im protestanti-
schen Glogau als Sohn eines evangelischen Archidiakons geboren.

1621
Der Vater Paul stirbt.
Gryphius besucht das Glogauer Gymnasium.

1631
Wechsel auf das Gymnasium in Görlitz.

1632
3. Juni: Gryphius wechselt erneut die Schule und besucht das Gymnasium von Fraustadt. Durch Schulreden und als Schauspieler auf der
Schulbühne macht er auf sich aufmerksam.

1633
Seine erste lateinische Dichtung entsteht.

1634
Er schreibt sich am Akademischen Gymnasium in Danzig ein.
Gryphius' Mäzen Georg von Schönborn verleiht ihm Adelstitel und
Magisterwürde und krönt ihn zum Poeten.

1636
Gryphius wird Hauslehrer beim Hofpfalzgrafen Georg Schönborner
in Schönborn bei Freistadt.

1638–1644
Gryphius hält an der Universität Leiden Vorlesungen und lernt im
Hochschulbetrieb herausragende Gelehrte wie etwa den Philologen
und Juristen Salmasius kennen.

1649
Januar: Er heiratet Rosina Deutschländer.
Berufungen als Professor nach Frankfurt/Oder, Uppsala und Heidelberg
lehnt er ab.

1650
Gryphius wird Jurist bei den Glogauer Ständen. In Glogau entstehen
auch die meisten seiner Trauer- und »Freuden«-Spiele. Zudem überar-
beitet er seine dichterischen Texte für Sammelausgaben.

1662
Gryphius wird mit dem Beinamen »Der Unsterbliche« in die Fruchtbringende Gesellschaft aufgenommen.
1664
16. Juli: Gryphius stirbt in Glogau.

Printed in Great Britain
by Amazon.co.uk, Ltd.,
Marston Gate.